秦汉镜拓三百品

王纲怀 编著

上海书画出版社

图书在版编目(CIP)数据

秦汉镜拓三百品/王纲怀编著.--上海:上海书画出版
社,2023.10
ISBN 978-7-5479-3223-0

Ⅰ.①秦… Ⅱ.①王… Ⅲ.①古镜—铜器(考古)—收
藏—中国—秦汉时代—图集 Ⅳ.①G262-64

中国国家版本馆CIP数据核字(2023)第200502号

秦汉镜拓三百品

王纲怀 编著

责任编辑	黄醒佳
审　读	王　剑
责任校对	郭晓霞
技术编辑	包赛明

出版发行	上 海 世 纪 出 版 集 团 上海书画出版社
地址	上海市闵行区号景路159弄A座4楼
邮政编码	201101
网址	www.shshuhua.com
E-mail	shuhua@shshuhua.com
制版	上海久段文化发展有限公司
印刷	浙江海虹彩色印务有限公司
经销	各地新华书店
开本	635×965　1/6
印张	53.33
版次	2023年11月第1版　2023年11月第1次印刷
书号	ISBN 978-7-5479-3223-0
定价	398.00元

若有印刷、装订质量问题,请与承印厂联系

秦漢鏡拓三百品

湘盧

秦漢鏡拓三百品

癸卯夏 後學杜鵬飛 敬題

前　言

于铜镜研究而言，罗振玉先生可谓先行。其《古镜图录·序言》曰："予年逾冠，即嗜吉金文字，三古法物力不能致，乃颇搜集古镜鉴，然亦不能多得也。居恒摩挲赏玩，以为刻画之精巧，文字之瓌奇，辞旨之温雅，一器而三善备焉者，莫镜若也。"可见铜镜之美，在纹饰，在文字，在文化。三者研究齐备，则铜镜研究可臻齐备。

我收藏、研究中国古代铜镜三十余年，其间多得李学勤、陈佩芬诸先生的鼓励与帮助，自 2004 年《三槐堂藏镜》问世以后，已陆续出版了铜镜研究著作三十部。就内容而言，侧重文化研究者有《汉镜文化研究》《清华镜文化研究》《唐镜与唐诗》等，侧重于文字研究者有《清华铭文镜》《汉镜铭文书法》《镜铭隶变帖》等，侧重于专题研究者有《中国早期铜镜》《东汉龙虎铜镜》《日本蓬莱纹铜镜研究》等。沉浸其间日久，越来越感觉到，能兼铜镜"刻画""文字""辞旨"三善于一身者非秦汉时期铜镜莫属；能集铜镜"刻画""文字""辞旨"三善于一处者非精美拓片莫属。

壬寅岁末，山河清朗，同好挚友，欢聚一堂。其间有人说起，希望能见到一本尺寸原大，传拓精美且品类齐全的"秦汉镜拓片集"。如此，读者在阅读时，既能随兴所至、各取所需，又可鉴图释文、各有会心，确为美事一件。

事有凑巧，上海书画出版社连续出版了 3 本同类书籍：《二百镜斋古镜拓索》（2020 年 7 月）、《玄鉴斋藏战国及早期铜镜百品》（2021 年 12 月）、《玄鉴斋藏两汉铜镜百品》（2022 年 12 月），给我提供了启示与借鉴。经过大半年的努力，笔者收集整理了能够找得到的 300 品秦汉古镜拓片，汇集成册，呈献读者。为保持视觉上的真实感，每张拓片皆取其原有尺寸，希望读者满意。

尤需一提的是，秦镜是一个前人几乎不曾涉及的领域，困难重重自不必烦言，了解多多亦得益颇丰。重点有三：其一，秦镜地纹始终以涡云纹为主，秦国中晚期时，主纹又多展现龙纹、雷纹、云纹。究其根本，秦镜图案反映的是秦地先民在农耕社会中的祈雨文化，笔者有专文涉及。其二，秦国早中期铜镜的 m 值（克／平方厘米）多在 1.5 以下，大镜更是如此。m 值越小表示镜体越薄，铸造技艺令今人难以想象。其三，战国秦、秦代之镜缘多有连弧数字，当时的工匠们弃易就难，偏偏要挑战 7、11、13、17、19、23、29、31 等素数，在镜面上展现了不可能完成的作图手法，拙文《秦镜中的素数情怀》已有涉及，免予赘述。本书目录还标注了所收原有铜镜的尺寸、重量、m 值，读者从中或可有别样收获。

在本书构思与编写的过程中，喜获冯远、杜鹏飞两位老师的题签，得到赵平安、李新城、程林泉、董珊、熊长云、鹏宇、邱龙升、孙昊、王坚、倪葭、安夙、高文静、高宁、李家诚、魏秀英、王剑、段军等专家、学者、好友的大力支持，在此一并表示衷心感谢！

借此书出版，以告慰李学勤、陈佩芬两位老师的在天之灵！

谢谢上海书画出版社多年来的大力相助！

王纲怀

2023 年 9 月 9 日

图版目录

图号	镜名	直径（厘米）	重量（克）	m值（克/平方厘米）	资料来源
	战国（秦）晚至秦代（共14品）				
046	云雷地六雷九龙镜	23.8	892	2.01	《玄鉴斋·战国》图88
047	云雷地三雷三龙镜	23.7	945	2.14	《玄鉴斋·战国》图92
048	云雷地六雷九龙镜	23.5	853	1.96	《秦镜文化研究》图114
049	云雷地三雷三龙三凤镜	23.5	778	1.79	《玄鉴斋·战国》图93
050	云雷地三雷六燕三龙镜	23.3	881	2.05	《秦镜文化研究》图189
051	云雷地三雷三龙镜	23.2	793	1.86	《秦镜文化研究》图116
052	云雷地三雷三龙镜	22.9	773	1.88	《玄鉴斋·战国》图83
053	云雷地方华纹四龙四凤十四连弧镜	27.6	1274	2.13	《玄鉴斋·战国》图57
054	素地方华纹二龙二虎四凤十七连弧镜	27.4	1272	2.14	《秦镜文化研究》图166
055	涡云地方华纹四组凤鸟十九连弧镜	25.5	878	1.72	《秦镜文化研究》图162
056	勾连鱼籽地方华纹二龙二凤四鹰镜	23.0	788	1.90	上海止水阁
057	云雷地四组双连雷纹龙镜	21.5	450	1.24	《后沟古镜》图4
058	云雷地八连弧四凤镜	19.2	496	1.71	《秦镜文化研究》图171
059	云雷地四组双连雷纹龙镜	18.6	406	1.49	《玄鉴斋·战国》图91
	秦末至西汉早期（共52品）				
060	涡云地四雷四龙镜	19.3	306	1.04	《秦镜文化研究》图212
061	云雷地四穗四龙镜	14.2	144	0.91	《必忠必信》页38
062	修相思铭缠绕式三雷三凤镜	13.8	186	1.24	《清华铭文镜》图3
063	修相思铭间隔式蟠螭三凤镜	13.7	232	1.58	《故宫藏镜》图24
064	感思甚悲铭蟠螭四凤镜	11.6	152	1.43	《清华铭文镜》图4
065	修相思铭三菱螭龙镜	11.3	81	0.81	《汉铭斋藏镜》图1
066	与天地相翼铭蟠螭三凤镜	11.2	130	1.31	《汉铭斋藏镜》图2
067	涡云地四乳双龙镜	10.4	133	1.56	《秦镜文化研究》图198
068	修相思（艄伯）铭螭龙博局镜	24.0	865	1.91	《汉雅堂藏镜》图54
069	涡云地镜气铭四乳四龙二十连弧镜	23.1	1215	2.90	《古镜拓片集》图19
070	涡云地大乐贵富铭四龙博局镜	18.5	490	1.81	《古镜拓片集》图36

图号	镜名	直径（厘米）	重量（克）	m值（克/平方厘米）	资料来源
071	日光铭方格羽状纹镜	18.3	555	2.10	《清华铭文镜》图10
072	大乐贵富铭蟠螭四穗镜	18.2	474	1.81	《清华铭文镜》图5
073	涡云地大乐贵富铭龙纹博局镜	16.5	350	1.64	《古镜拓片集》图38
074	与天无亟铭四乳连弧镜	13.9	260	1.71	《清华铭文镜》图16
075	与众异铭四乳连弧镜	11.4	100	0.98	《汉铭斋藏镜》图44
076	上东相铭十二连弧镜	11.5	108	1.04	《汉镜铭文图集》图54
077	常贵富铭方格四穗镜	10.3	110	1.31	《清华铭文镜》图11
078	昭美人铭变形花瓣镜	9.7	73	0.99	《汉铭斋藏镜》图25
079	金清阴光铭花叶四乳镜	9.4	62	0.89	《止水阁藏镜》图69
080	镜以此行铭花瓣纹二十连弧镜	19.2	544	1.88	《汉铭斋藏镜》图56
081	镜以此行铭花瓣纹连弧镜	18.7	697	2.54	上海止水阁
082	富贵安铭四乳二十四连弧镜	18.6	/	/	《陈介祺藏镜》图43
083	与天相寿铭花瓣连弧镜	14.4	202	1.24	《后沟古镜》图24
084	镜以此行铭四乳花瓣镜	14.3	312	1.93	《止水阁藏镜》图71
085	与天相寿铭花瓣连弧镜	14.1	232	1.48	《后沟古镜》图25
086	长乐未央铭圈带叠压花瓣镜	14.1	237	1.51	《清华铭文镜》图12
087	常贵富铭鸟篆书花瓣谷穗镜	14.0	266	1.73	《故宫藏镜》图29
088	与天无亟铭花瓣连弧镜	13.7	222	1.51	《止水阁藏镜》图74
089	有君子之方铭花瓣镜	13.5	413	2.89	《汉镜铭文图集》图106
090	君毋相忘铭四乳花瓣镜	13.4	220	1.55	《汉铭斋藏镜》图48
091	与天相寿铭纯文连弧镜	12.5	159	1.30	《汉铭斋藏镜》图24
092	长相思铭花瓣连弧镜	12.4	178	1.47	《汉铭斋藏镜》图55
093	居毋宗（心与心）铭花瓣镜	11.7	233	2.17	《汉镜铭文图集》图87
094	与天无亟铭四乳花瓣镜	11.6	224	2.12	《汉铭斋藏镜》图50
095	美宜之铭四乳连弧镜	11.6	113	1.07	《汉铭斋藏镜》图41
096	与人无亟铭花瓣镜	11.5	196	1.89	《汉铭斋藏镜》图51
097	清浪铭花瓣十八连弧镜	11.4	155	1.52	《汉铭斋藏镜》图53
098	涡云地日光铭四穗四龙镜	18.1	678	2.62	《古镜拓片集》图20
099	昭明（彻）清白铭重圈三穗三龙镜	16.2	442	2.13	《古镜拓片集》图32

图号	镜名	直径（厘米）	重量（克）	m值（克/平方厘米）	资料来源
100	昭明（泄）清白铭重圈四穗螭龙镜	16.2	410	1.98	《古镜拓片集》图33
101	昭明（彻）铭圈带三穗三龙镜	17.0	/	/	《国家博物馆·铜镜卷》图34
102	昭明（泄）铭圈带三穗三龙镜	16.7	410	1.15	《玄鉴斋·两汉》图12
103	昭明（泄）清白铭四穗螭龙镜	13.9	205	1.35	《汉镜铭文图集》图56
104	居毋宗铭花瓣镜	18.4	667	2.51	《止水阁藏镜》图70
105	十七连弧蟠螭镜	14.3	206	1.28	《止水阁藏镜》图63
106	九连弧镜	14.2	272	1.72	《古镜拓片集》图197
107	心与心铭花瓣连弧镜	14.0	328	2.13	《止水文集·018篇》图34
108	日光（君王）铭四乳花瓣镜	13.6	260	1.79	《汉铭斋藏镜》图47
109	十四连弧四乳蟠螭镜	12.0	155	1.37	《止水阁藏镜》图61
110	十三连弧蟠螭镜	11.9	121	1.09	《古镜拓片集》图202
111	十一连弧蟠螭镜	11.3	110	1.10	《止水阁藏镜》图58
西汉中期（共46品）					
112	日出阳铭八龙谷穗博局镜	23.1	1274	3.02	《古镜拓片集》图44
113	日光铭八龙谷穗连弧镜	20.2	730	2.28	《清华铭文镜》图19
114	日光铭花瓣谷穗连弧镜	18.8	515	1.86	《清华铭文镜》图18
115	伏念所欢铭谷穗连弧镜	18.4	630	2.37	《汉镜铭文图集》图186
116	必忠必信铭八龙谷穗镜	18.2	529	2.03	《汉铭斋藏镜》图75
117	长贵富铭谷穗连弧镜	27.5	1760	2.96	《止水文集·012篇》图5-1
118	日光（大阳）铭谷穗连弧镜	23.1	1194	2.83	《古镜拓片集》图113
119	长贵富铭谷穗连弧镜	23.0	1501	3.61	《止水文集·012篇》图5-3
120	长贵富铭谷穗连弧镜	21.0	1191	3.42	《止水文集·012篇》图5-4
121	日光（大阳）铭谷穗连弧镜	20.8	/	/	《汉广陵国铜镜》图20
122	日光（大阳）铭谷穗连弧镜	18.8	733	2.64	《汉镜铭文图集》图115
123	日有意铭谷穗连弧镜	18.3	430	1.65	《三槐堂藏镜》封面
124	太上富贵铭谷穗连弧镜	18.3	/	/	《古镜图录》下册图17下
125	日有意铭谷穗连弧镜	18.2	837	3.20	《古镜拓片集》图108
126	与天无亟铭谷穗连弧镜	18.2	507	1.95	《汉镜铭文图集》图153

图号	镜名	直径（厘米）	重量（克）	m值（克/平方厘米）	资料来源
127	上高堂铭谷穗连弧镜	16.2	322	1.56	《汉镜铭文图集》图187
128	太上富贵铭谷穗连弧镜	16.2	348	1.68	《古镜拓片集》图109
129	道路辽远铭谷穗连弧镜	16.1	420	2.06	《上海博物馆藏青铜镜》图30
130	与君相欢铭谷穗连弧镜	16.1	375	1.84	《汉铭斋藏镜》图71
131	日光（大昌）铭谷穗连弧镜	15.9	342	1.71	《汉铭斋藏镜》图58
132	愿长相思铭四乳龙纹镜	15.9	308	1.55	《汉铭斋藏镜》图45
133	常大乐贵富铭谷穗连弧镜	15.6	557	2.92	《汉铭斋藏镜》图82
134	愿长（幸毋）铭四龙谷穗镜	15.6	424	2.21	《古镜拓片集》图130
135	久游何伤铭谷穗连弧镜	15.6	295	1.53	《古镜拓片集》图133
136	此镜甚明铭四乳花瓣镜	13.9	309	2.04	《汉铭斋藏镜》图46
137	日不可曾铭谷穗连弧镜	13.9	211	1.38	《汉铭斋藏镜》图62
138	投博至明铭谷穗连弧镜	13.8	381	2.53	《清华铭文镜》封面
139	日有事（美人侍）铭谷穗连弧镜	13.8	283	1.89	《清华铭文镜》图21
140	时来何伤铭谷穗连弧镜	13.8	235	1.57	《清华铭文镜》图22
141	久不相见铭谷穗连弧镜	13.8	225	1.50	《古镜拓片集》图132
142	君王美人铭谷穗连弧镜	13.7	202	1.37	《汉铭斋藏镜》图66
143	忘徘徊铭谷穗连弧镜	13.6	250	1.72	《汉镜铭文图集》图139
144	君毋相忘铭谷穗连弧镜	13.6	221	1.51	《古镜拓片集》图126
145	坂锡有齐铭谷穗连弧镜	13.5	221	1.55	《汉镜铭文图集》图154
146	日光（大明）铭谷穗连弧镜	11.6	158	1.49	《古镜拓片集》图110
147	日光（久长）铭谷穗连弧镜	11.4	122	1.19	《汉铭斋藏镜》图57
148	从酒东相铭谷穗连弧镜	11.2	133	1.34	《古镜拓片集》图051
149	君行卒铭谷穗连弧镜	10.2	106	1.29	《止水阁藏镜》图82
150	投博至明铭谷穗连弧镜	20.6	709	2.13	《玄鉴斋·两汉》图31
151	秋风起铭谷穗连弧镜	18.5	727	2.71	《汉镜铭文图集》图169
152	心思美人铭四龙谷穗连弧镜	18.1	/	/	《四川省出土铜镜》图22
153	心与心铭谷穗连弧镜	13.7	211	1.43	《玄鉴斋·两汉》图25
154	投博至明铭博局谷穗连弧镜	13.6	212	1.45	《汉铭斋藏镜》图75
155	投博至明铭博局谷穗连弧镜	13.6	195	1.33	《后沟古镜》图32

图号	镜名	直径（厘米）	重量（克）	m值（克/平方厘米）	资料来源
156	从酒高堂铭博局谷穗连弧镜	13.5	201	1.40	《古镜拓片集》图 50
157	不见日光铭简博谷穗连弧镜	12.5	166	0.95	《汉镜铭文图集》图 157
西汉晚期（共 32 品）					
158	涷治铜华（延年益寿）铭圈带镜	23.6	1280	2.93	《清华铭文镜》图 31
159	角王巨虚铭四乳神兽镜	19.0	993	3.50	《汉镜铭文图集》图 234
160	清练铜华（寿敝金石）铭圈带镜	18.9	873	3.09	《汉铭斋藏镜》图 90
161	君忘忘铭圈带镜	18.8	845	3.03	《汉铭斋藏镜》图 98
162	秋风起（游中国）铭圈带镜	18.2	719	2.77	日本千石唯司
163	皎光铭（大字）圈带镜	18.0	701	2.74	《汉铭斋藏镜》图 95
164	皎光铭圈带镜	17.9	673	2.68	《汉镜铭文图集》图 218
165	张六博铭圈带镜	17.8	840	3.38	《汉镜铭文图集》图 230
166	君有远行铭圈带镜	17.8	460	1.85	《上海博物馆藏青铜镜》图 34
167	涷治铜华（与天长久）铭圈带镜	17.5	806	3.33	《汉铭斋藏镜》图 91
168	清浪铜华（八连弧云雷）铭圈带镜	17.5	751	3.10	《汉铭斋藏镜》图 102
169	日有憙（固常然）铭圈带镜	17.4	821	3.43	《汉铭斋藏镜》图 96
170	君忘忘铭圈带镜	17.0	615	2.69	《清华铭文镜》图 35
171	练治铜华（福嗣未央）铭圈带镜	16.5	614	2.85	《汉铭斋藏镜》图 92
172	日有憙（醒旦星）铭圈带镜	15.6	443	2.30	《汉铭斋藏镜》图 97
173	涷治铜华（五色尽具）铭圈带镜	14.2	500	3.14	《汉铭斋藏镜》图 94
174	愿君强饭铭圈带镜	13.2	300	2.19	上海止水阁
175	行有日（君负姜）铭圈带镜	13.1	264	1.96	《莹质良工》图 28
176	昭明铭圈带镜	12.5	312	2.53	《汉铭斋藏镜》图 87
177	利二亲铭圈带镜	11.8	420	3.84	《止水阁藏镜》图 86
178	君行有日（端正心行）铭圈带镜	11.2	232	2.34	《汉镜铭文图集》图 224
179	清铜为镜铭圈带镜	10.8	/	/	《二百镜斋古镜拓索》页 147
180	道路远侍前希铭圈带镜	10.3	142	1.69	《古镜拓片集》图 143
181	浪清华铭圈带镜	8.4	115	2.08	《汉铭斋藏镜》图 100

图号	镜名	直径（厘米）	重量（克）	m值（克/平方厘米）	资料来源
182	浪清华 – 清白铭重圈镜	17.8	732	2.94	《古镜今照》图 61
183	君行有日 – 君有远行铭重圈镜	15.6	517	1.67	《玄鉴斋·两汉》图 43
184	昭明 – 精白铭重圈镜	15.4	501	2.69	《汉铭斋藏镜》图 84
185	日光 – 昭明铭重圈镜	15.2	494	2.71	《清华铭文镜》图 37
186	日光 – 皎光铭重圈镜	13.8	427	2.84	《清华铭文镜》图 38
187	谤言众兮有何伤铭重圈镜	10.7	/	/	《吉林出土铜镜》图 6
188	内而光铭四乳四灵镜	14.1	588	3.77	《汉铭斋藏镜》图 101
189	千秋万岁铭四乳镜	12.3	308	2.58	《清华铭文镜》图 36
西汉末期（共 9 品）					
190	涷治铜华铭（方形排字）四灵博局镜	23.5	1067	2.46	《汉镜铭文图集》图 264
191	内而光铭（方形排字）瑞兽博局镜	20.8	756	2.23	上海止水阁
192	刻治六博铭（方形排字）四灵博局镜	20.7	989	2.94	《汉镜铭文图集》图 274
193	内而光铭（方形排字）四灵博局镜	18.7	752	2.74	《汉镜铭文图集》图 258
194	日有憙铭（方形排字）四灵博局镜	16.4	/	/	《二百镜斋古镜拓索》页 99
195	日光铭（方形排字）四灵博局镜	14.0	454	2.93	《清华铭文镜》图 42
196	汉有善铜（刻治六博）铭四灵博局镜	27.5	/	/	《汉镜铭文图集》图 273
197	涷治铜华（铸成错刀）铭四灵博局镜	21.0	1042	1.85	《止水文集·042 篇》图 1
198	刘氏去王氏持铭瑞兽博局镜	15.0	856	4.85	《汉镜铭文图集》图 280
新莽（官制）（共 11 品）					
199	尚方御竟大毋伤铭四灵博局镜	23.5	1250	2.88	《汉镜铭文图集》图 281
200	尚方作竟真大巧铭四灵博局镜	23.2	1144	2.71	《汉镜铭文图集》图 282
201	尚方御竟大毋伤铭四灵博局镜	20.9	1000	2.92	《汉镜铭文图集》图 284
202	尚方作竟真大好铭四灵博局镜	18.6	791	2.91	《汉镜铭文图集》图 285
203	尚方御竟真大好铭四灵博局镜	16.1	560	2.75	《汉镜铭文图集》图 286

图号	镜名	直径（厘米）	重量（克）	m 值（克/平方厘米）	资料来源
204	尚方御竟大毋伤铭四灵博局镜	13.7	457	3.10	《汉镜铭文图集》图 287
205	王氏昭竟大夷服铭四灵博局镜	20.9	1020	2.98	《汉镜铭文图集》图 289
206	王氏（中国安宁）铭四灵博局镜	20.6	916	2.75	《汉镜铭文图集》图 292
207	王氏昭竟四夷服铭四灵博局镜	18.5	867	3.23	《汉镜铭文图集》图 290
208	王氏作竟真大好铭四灵博局镜	18.1	740	2.88	《汉镜铭文图集》图 293
209	王氏昭竟四夷服铭四灵博局镜	16.2	/	/	《汉镜铭文图集》图 291
新莽至东汉早中（共 49 品）					
210	八连弧云雷纹镜	27.5	1792	3.02	上海止水阁
211	维镜之旧生兮铭七乳瑞兽镜	25.4	2700	5.33	《汉镜铭文图集》图 368
212	边则太一铭四乳神兽镜	23.5	1694	3.91	《汉镜铭文图集》图 427
213	汉有善铜铭四灵博局镜	22.7	1290	3.19	《汉镜铭文图集》图 354
214	尚方作竟（上大山）铭四灵博局镜	22.4	/	/	《二百镜斋古镜拓索》页 129
215	驹氏作竟铭对置式神兽镜	21.3	1133	3.18	《玄鉴斋·两汉》图 95
216	得天道铭四灵博局镜	21.3	979	2.75	《汉镜铭文图集》图 308
217	凤凰翼翼铭四灵博局镜	21.1	1055	3.02	《汉镜铭文图集》图 311
218	上大山见仙人铭四灵博局镜	21.1	1065	3.05	上海止水阁
219	汉有佳铜（苏刚作竟）铭四灵博局镜	21.1	1037	2.97	上海止水阁
220	汉有佳铜（苏刚作镜）铭四灵博局镜	21.1	/	/	《二百镜斋古镜拓索》页 141
221	新有善铜出南乡铭四灵博局镜	20.9	1066	3.11	《汉镜铭文图集》图 299
222	大哉尧为君也铭四灵博局镜	20.8	残 524	/	上海止水阁
223	上华山凤凰侯铭四灵博局镜	20.7	1142	3.40	《汉镜铭文图集》图 317
224	汉有名同出丹阳铭四灵博局镜	20.4	1268	3.88	《汉镜铭文图集》图 356
225	角王钜虚铭四灵博局镜	19.3	823	2.82	《汉镜铭文图集》图 322
226	昭君面目铭四灵博局镜	19.2	937	3.24	《汉铭斋藏镜》图 109
227	秦中作镜铭四灵博局镜	19.1	817	2.85	《汉镜铭文图集》图 278
228	内而光铭八乳神兽镜	18.8	1028	3.71	《玄鉴斋·两汉》图 82

图号	镜名	直径（厘米）	重量（克）	m 值（克/平方厘米）	资料来源
229	作佳镜哉铭四灵博局镜	18.8	917	3.31	《汉镜铭文图集》图 337
230	尚方御竟（中国宁）铭七乳镜	18.8	881	3.18	《汉镜铭文图集》图 369
231	新兴辟雍建明堂铭四灵博局镜	18.8	812	2.93	《汉镜铭文图集》图 304
232	新有善铜（刻娄博局）铭四灵博局镜	18.7	830	3.02	《汉镜铭文图集》图 297
233	日有憙铭四灵博局镜	18.5	/	/	《汉镜铭文图集》图 310
234	新有善铜铭瑞兽博局镜	18.5	879	3.27	《汉铭斋藏镜》图 110
235	袁氏作竟铭四乳神兽镜	18.3	652	2.48	《清华铭镜》图 68
236	朱氏明竟铭四灵博局镜	17.1	560	2.44	《清华铭镜》图 63
237	新兴辟雍建明堂铭四灵博局镜	16.8	680	1.89	《玄鉴斋·两汉》图 56
238	大泉五十纹瑞兽博局镜	16.6	700	3.24	《汉镜铭文图集》图 279
239	上大山见神鲜铭四灵博局镜	16.6	660	3.03	《清华铭镜》图 61
240	昭匈脅身万全铭四灵博局镜	16.6	632	2.92	《汉镜铭文图集》图 332
241	日有憙铭四灵博局镜	16.6	588	2.70	《清华铭镜》图 64
242	汉有善铜铭四灵博局镜	16.6	570	2.64	《汉镜铭文图集》图 351
243	日有憙铭四灵镜	16.5	615	2.86	《古镜拓片集》图 81
244	上大山兮见仙人铭四灵博局镜	16.5	676	3.14	《清华铭镜》图 59
245	柰言之始孝为右铭四灵博局镜	16.3	728	3.29	《清华铭镜》图 62
246	贤者戒己仁为右铭四灵博局镜	16.3	770	3.63	《清华铭镜》图 65
247	汉有善铜铭四灵博局镜	16.0	526	1.61	《玄鉴斋·两汉》图 59
248	作佳镜（刻娄博局）铭四灵博局镜	15.7	606	3.13	《汉镜铭文图集》图 338
249	昭圆目－新有善铜铭禽鸟博局镜	15.6	520	2.70	《汉铭斋藏镜》图 112
250	贤者戒己仁为右铭瑞兽博局镜	15.3	611	3.32	上海止水阁
251	边则太一铭龙虎镜	15.1	666	3.72	《汉镜铭文图集》图 428
252	新兴辟雍建明堂铭四灵博局镜	14.4	476	2.92	《汉镜铭文图集》图 306
253	上大山见神人铭四灵博局镜	14.4	465	2.84	《汉铭斋藏镜》图 107
254	内而光铭七乳神兽镜	14.2	470	2.97	上海止水阁

图号	镜名	直径（厘米）	重量（克）	m值（克/平方厘米）	资料来源
255	奉言之纪铭云纹博局镜	13.9	411	2.69	《汉铭斋藏镜》图115
256	上大山见神人铭云纹博局镜	13.8	459	3.05	《清华铭文镜》图60
257	上於大山见神人铭四灵博局镜	13.6	349	1.48	《玄鉴斋·两汉》图47
258	驹氏铭龙虎镜	13.4	509	3.61	《后沟古镜》图54
东汉晚期（含三国）（共14品）					
259	盛如长安南铭二十二马儒道文化镜	22.1	1388	3.62	《止水文集》页493图1-1
260	神鱼仙人赤松子铭四叶八凤镜	21.1	719	2.06	《汉镜铭文图集》图433
261	吾作明竟铭变形四叶兽首镜	19.3	555	1.90	《汉镜铭文图集》图388
262	吾作明竟铭同向式四乳神兽镜	17.9	673	2.68	《汉镜铭文图集》图446
263	吾作明竟铭变形四叶兽首镜	16.9	404	1.80	《止水阁藏镜》图117
264	九子明竟铭三段式神兽镜	16.7	370	1.69	《汉镜铭文图集》图438
265	吾作明竟铭三段式神兽镜	16.0	488	2.43	《汉铭斋藏镜》图122
266	吾作明竟铭变形四叶兽首镜	15.9	284	1.43	《汉镜铭文图集》图392
267	神鱼仙人铭（九尾狐）四叶八凤镜	13.8	282	1.89	《汉铭斋藏镜》图120
268	上方铭变形四叶兽首镜（三十九连弧）	14.2	270	17.1	《汉镜铭文图集》图393
269	吾作明镜铭重列式神兽镜	12.0	199	1.76	《止水阁藏镜》图129
270	佛字铭四叶八凤佛像镜	18.8	残431	/	《汉铭斋藏镜》图127
271	四叶八凤佛像镜	17.5	526	2.19	《止水阁藏镜》图132
272	四叶八凤飞天纹佛像镜	14.2	360	2.27	《汉铭斋藏镜》图126
纪年镜（共28品）					
273	永始二年（前15）铭四灵博局镜	18.5	1010	3.76	《汉镜铭文图集》图455
274	居摄元年（6）铭连弧镜	13.2	400	2.92	《汉镜铭文图集》图456
275	始建国二年（10）铭瑞兽简博镜	16.1	/	/	《汉镜铭文图集》图457
276	始建国天凤二年（15）铭四灵博局镜	16.6	690	3.19	《汉镜铭文图集》图458
277	永平七年（64）铭八连弧云雷镜	13.3	/	/	《汉镜铭文图集》图460
278	永平十六年（73）铭龙虎镜	15.0	/	/	《汉镜铭文图集》图461
279	延熹二年（159）铭环状乳神兽镜	11.6	/	/	《汉镜铭文图集》图468
280	延熹三年（160）铭变形四叶兽首镜	15.4	479	2.57	《汉镜铭文图集》图469
281	延熹三年（160）铭变形四叶兽首镜	17.1	373	1.62	《汉镜铭文图集》图470
282	建宁元年（168）铭变形四叶兽首镜	21.5	/	/	《汉镜铭文图集》图474
283	熹平元年（172）铭变形四叶兽首镜	13.8	470	3.14	《汉镜铭文图集》图476
284	熹平三年（174）铭变形四叶兽首镜	18.2	/	/	《汉镜铭文图集》图478
285	熹平五年（176）铭变形四叶兽首镜	14.0	446	1.79	《玄鉴斋·两汉》图69
286	建安七年（202）铭重列式神兽镜	13.4	/	/	《汉镜铭文图集》图488
287	建安八年（203）铭重列式神兽镜	13.6	324	2.23	《汉镜铭文图集》图489
288	建安十年（205）铭重列式神兽镜	13.1	314	2.33	《汉镜铭文图集》图493
289	建安廿二年（217）铭重列式神兽镜	11.8	278	2.54	《汉镜铭文图集》图495
290	太元二年（252）铭对置式神兽镜	14.9	461	2.65	《汉镜铭文图集》图511
291	五凤二年（255）铭重列式神兽镜	13.4	282	2.00	《汉镜铭文图集》图512
292	太平元年（256）铭对置式神兽镜	12.3	274	2.31	《汉镜铭文图集》图514
293	甘露五年（260）铭变形四叶兽首镜	16.6	467	2.16	《汉镜铭文图集》图516
294	永安六年（263）铭对置式神兽镜	13.9	372	2.45	《汉镜铭文图集》图519
295	甘露元年（265）铭对置式神兽镜	12.6	299	2.40	《汉镜铭文图集》图520
296	宝鼎二年（267）铭对置式神兽镜	12.0	198	1.75	《汉镜铭文图集》图521
297	泰始九年（273）铭对置式神兽镜	9.9	132	1.72	《汉镜铭文图集》图523
298	天纪三年（279）铭对置式神兽镜	14.0	494	3.21	《汉镜铭文图集》图527
299	太康三年（282）铭对置式神兽镜	16.7	557	2.54	《汉镜铭文图集》图531
300	神龟（519）铭八乳神兽镜	18.8	945	3.41	《汉镜铭文图集》图541

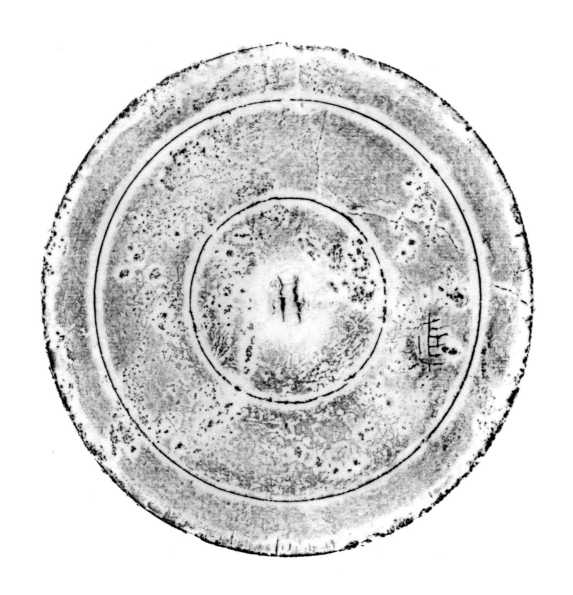

图 001

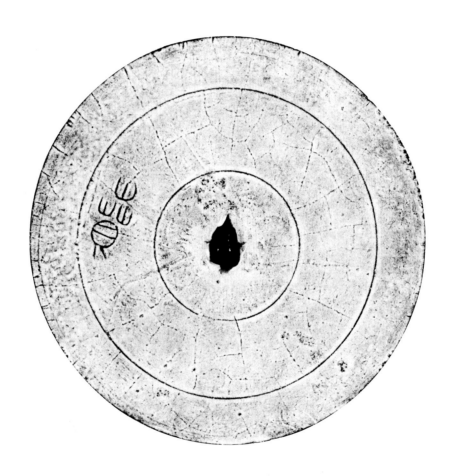

图 002

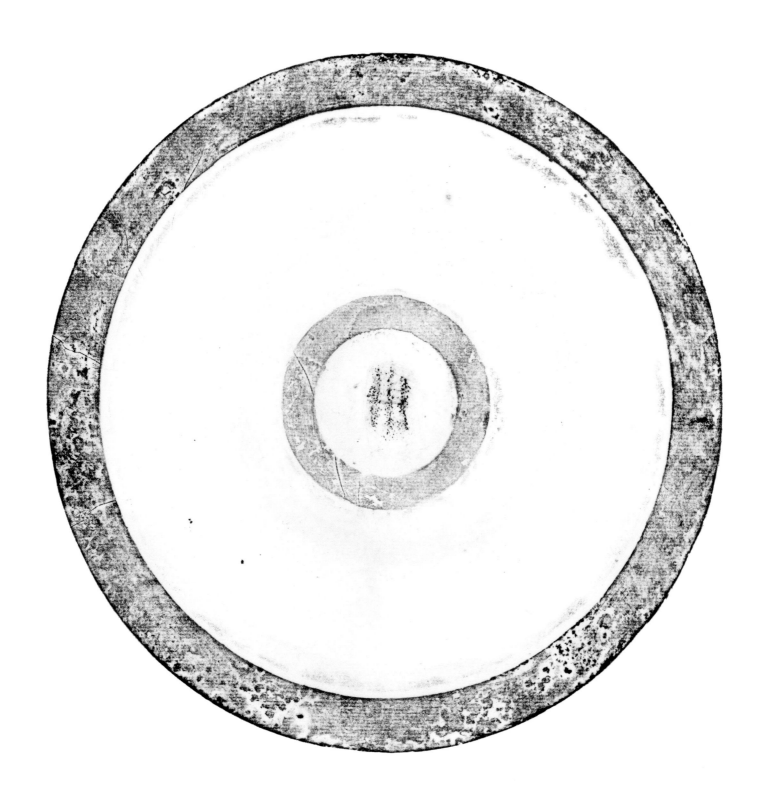

图 003

图 004

图 005

图 006

图 007

图 008

图 009

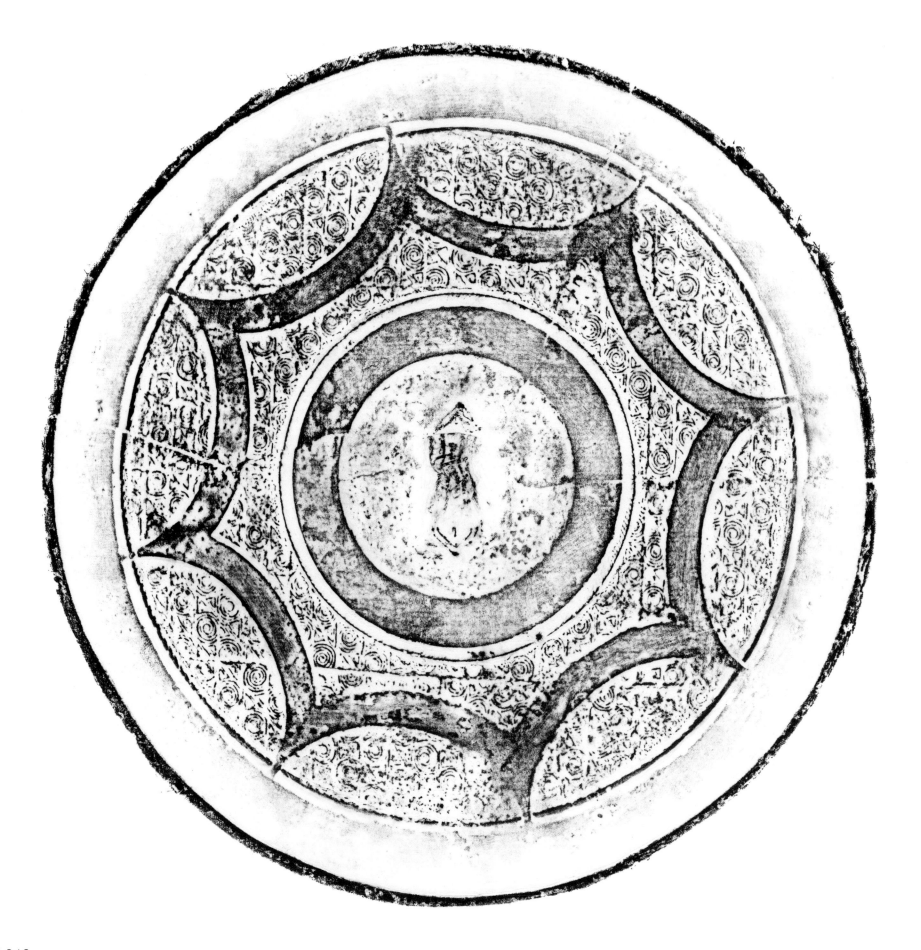

图 010

图 011

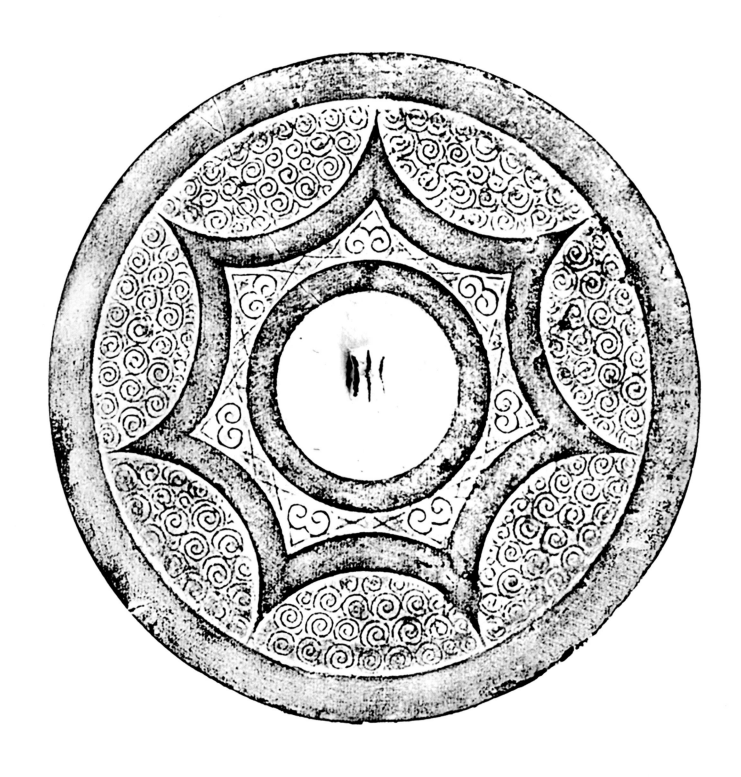

图 012

图 013

图 014

图 015

图 016

图 017

图 018

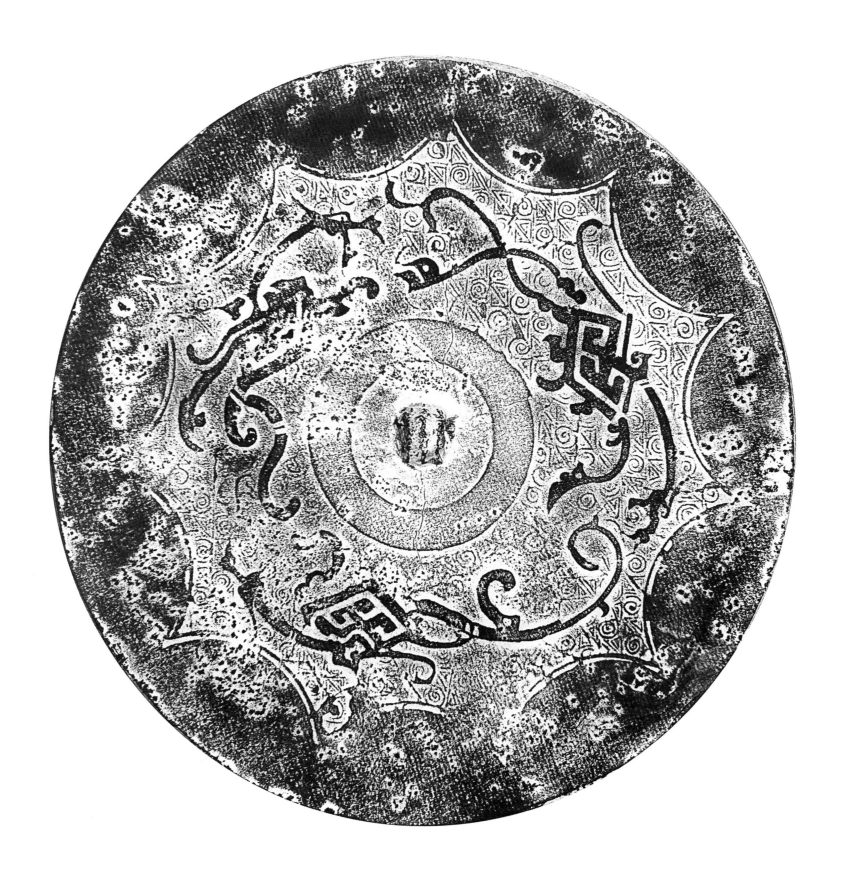

图 019

图 020

图 021

图 022

图 023

图 024

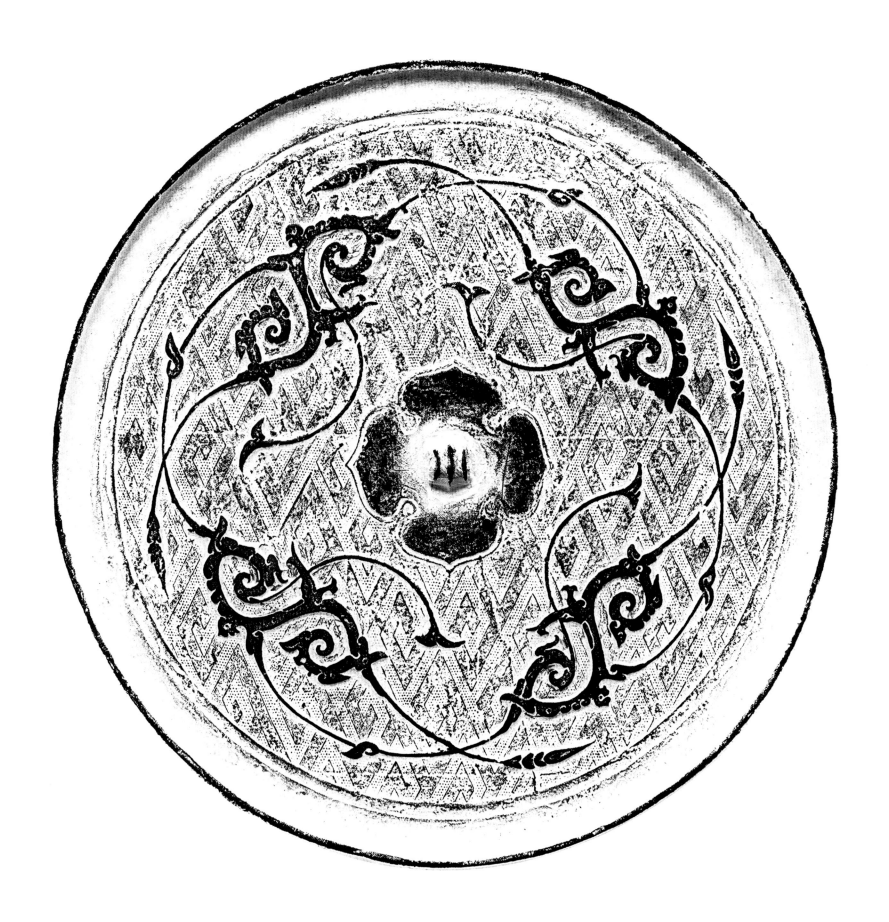

图 025

图 026

图 027

图 028

图 029

图 030

图 031

图 032

图 033

图 034

图 035

图 036

图 037

图 038

图 039

图 040

图 041

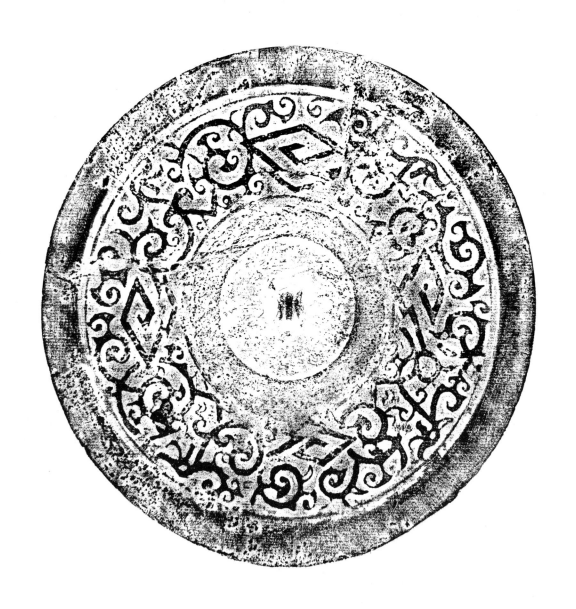

图 042

图 043

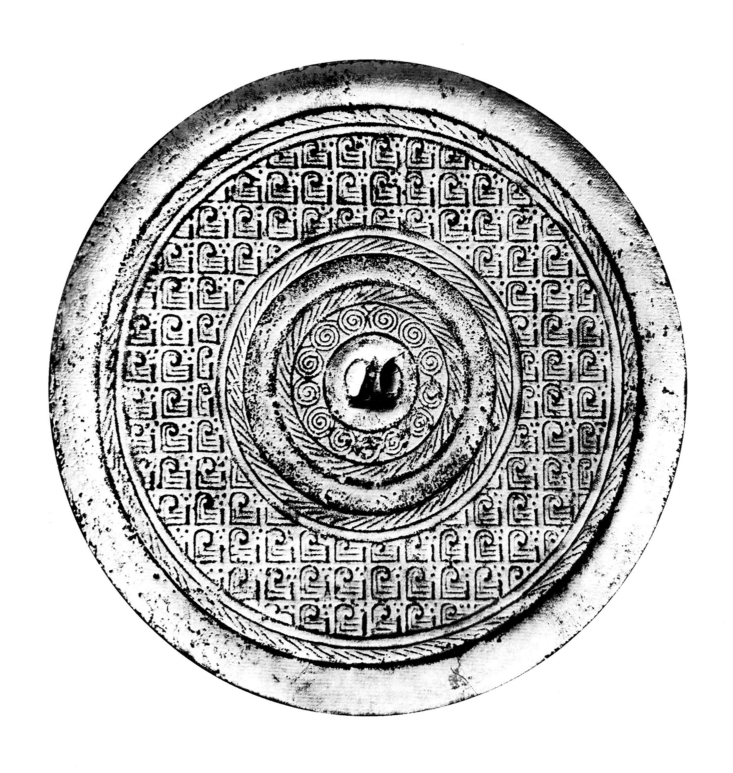

图 044

图 045

图 046

图 047

图 048

图 049

图 050

图 051

图 052

图 053

图 054

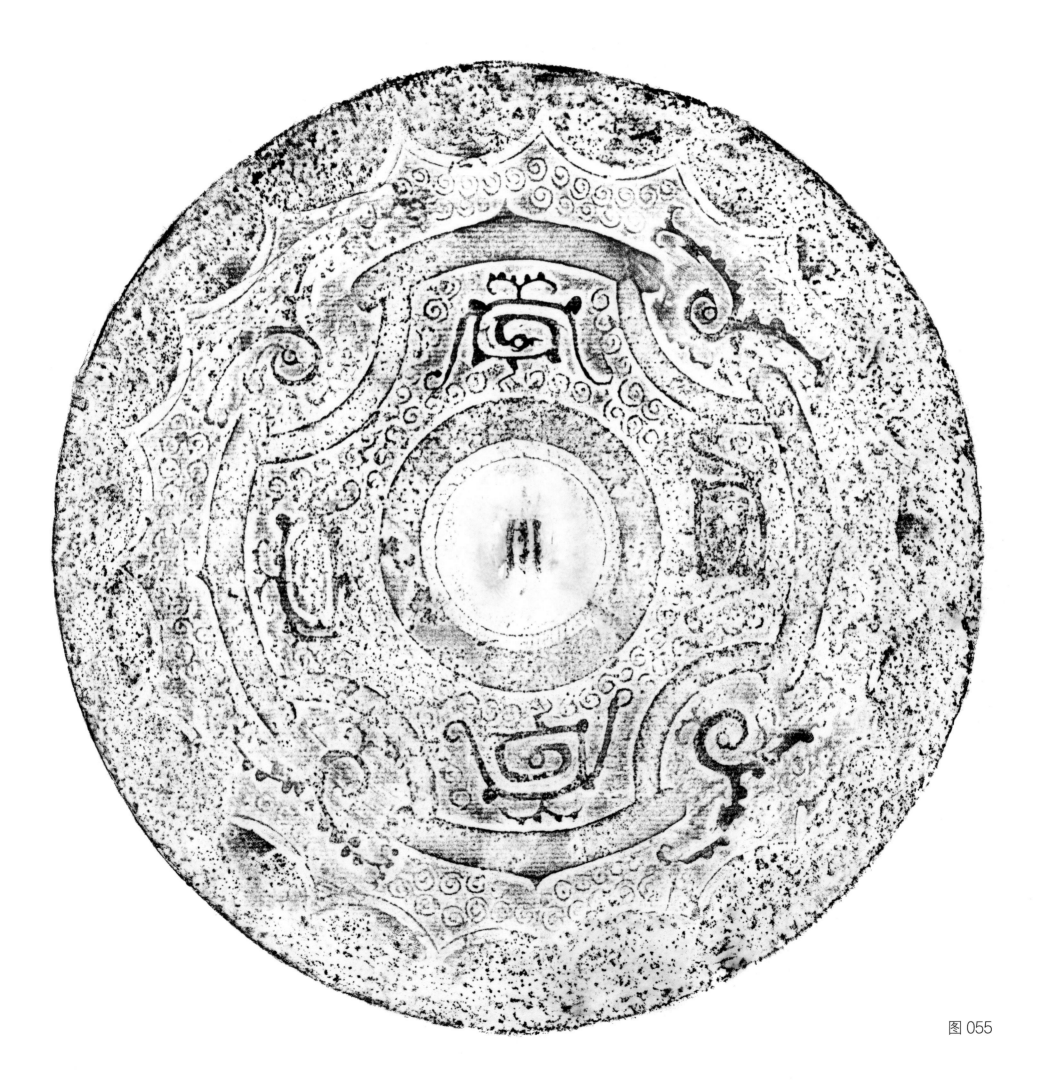

图 055

图 056

图 057

图 058

图 059

图 060

图 061

图 062

图 063

图 064

图 065

图 066

图 067

图 068

图 069

图 070

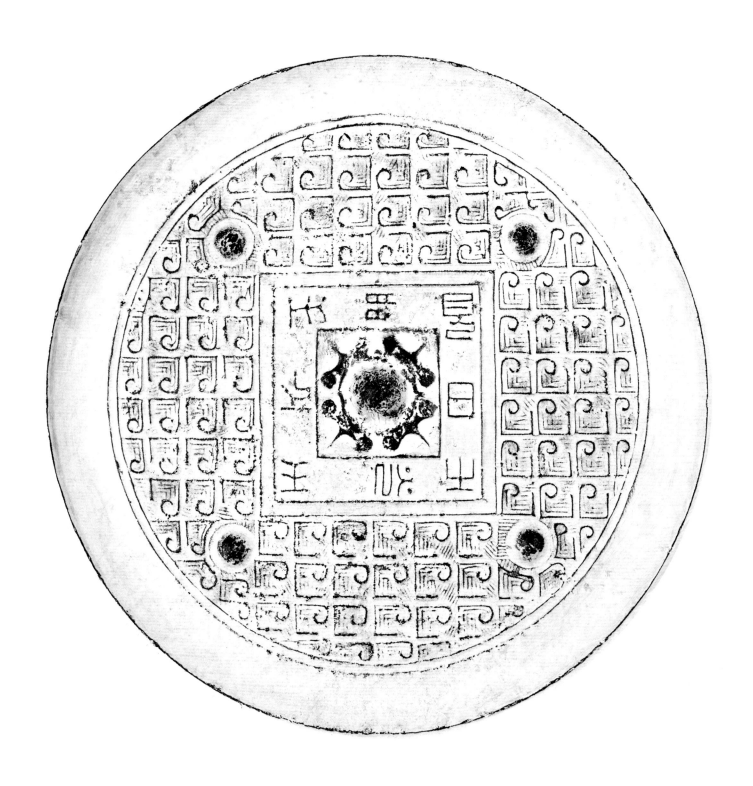

图 071

图 072

图 073

图 074

图 075

图 076

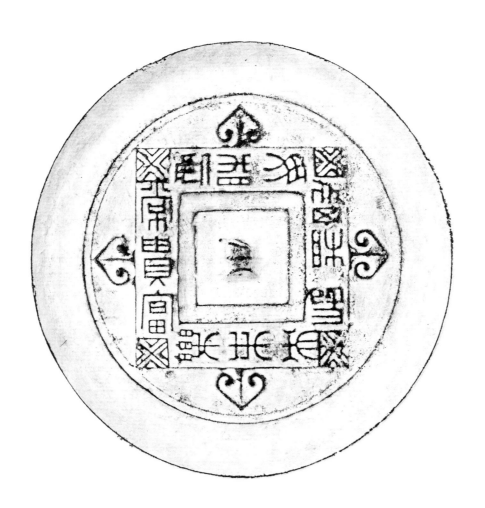

图 077

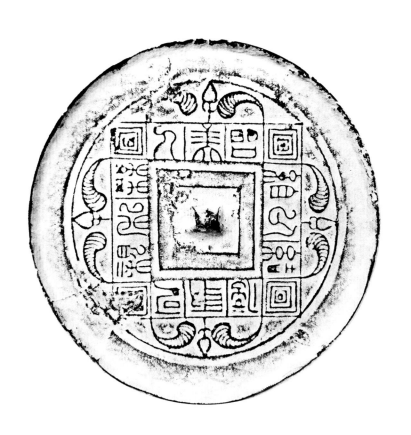

图 078

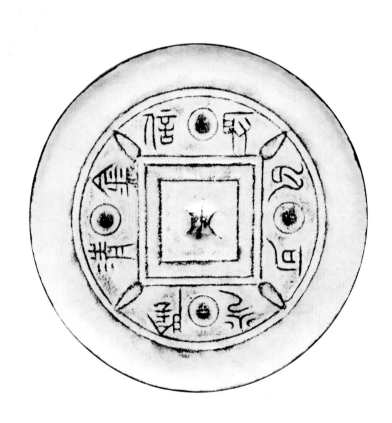

图 079

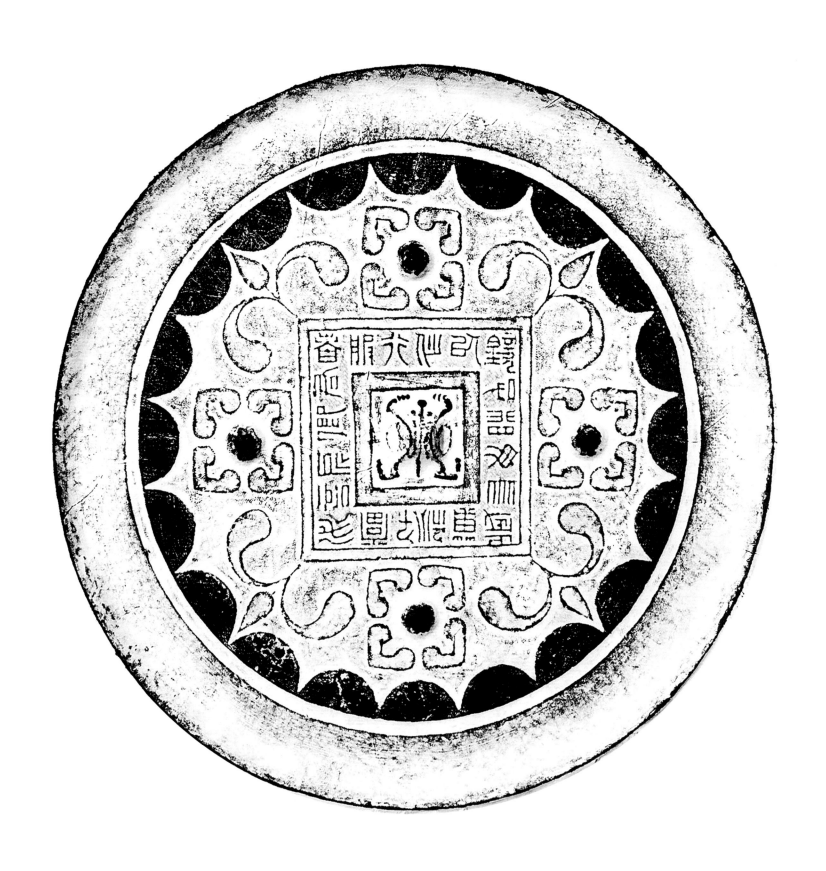

图 080

图 081

图 082

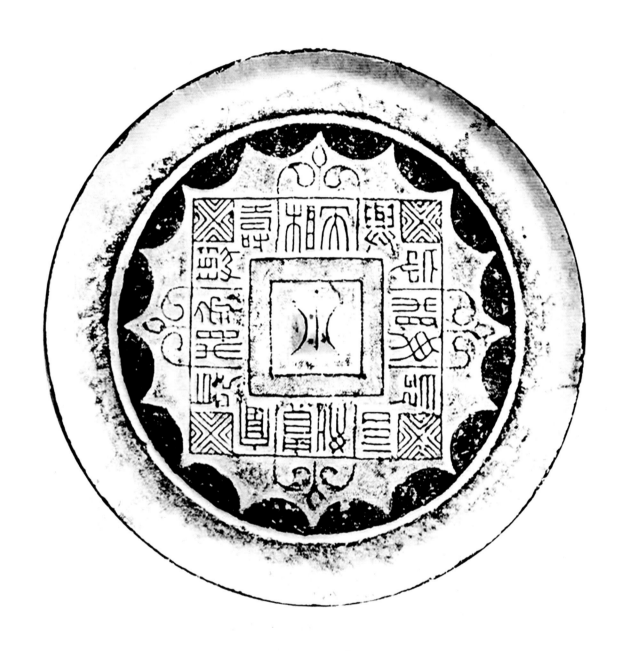

图 083

图 084

图 085

图 086

图 087

图 088

图 089

图 090

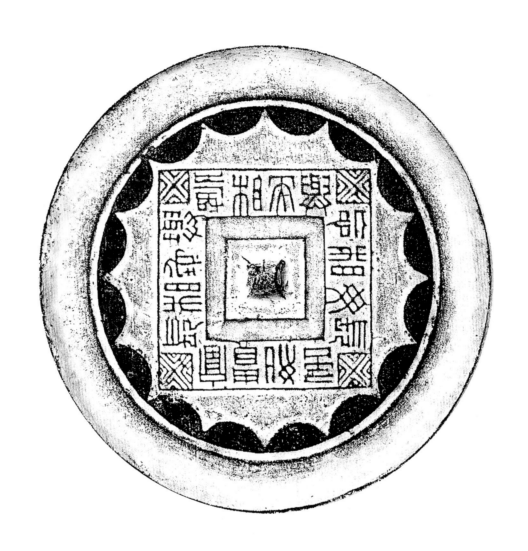

图 091

图 092

图 093

图 094

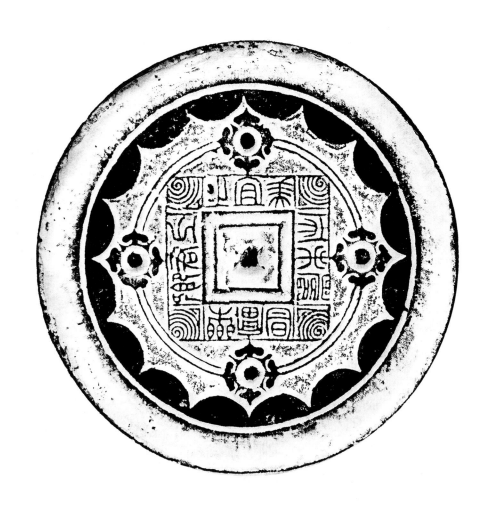

图 095

图 096

图 097

图 098

图 099

图 100

图 101

图 102

图 103

图 104

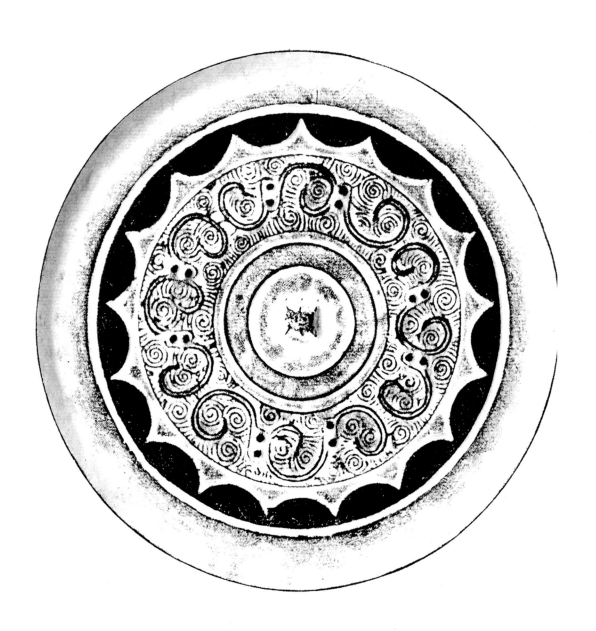

图 105

图 106

图 107

图 108

图 109

图 110

图 111

图 112

图 113

图 114

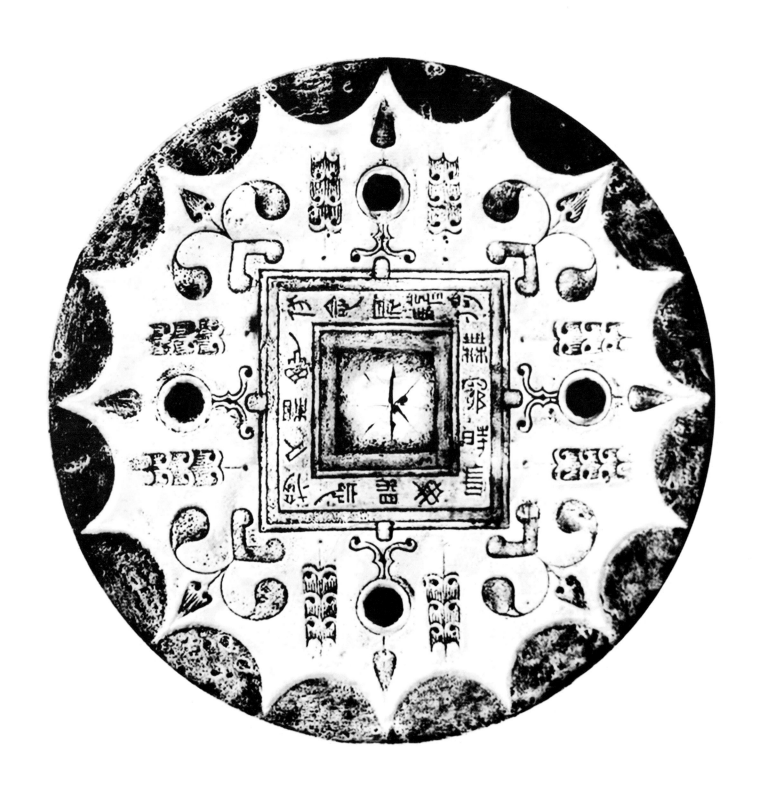

图 115

图 116

图 117

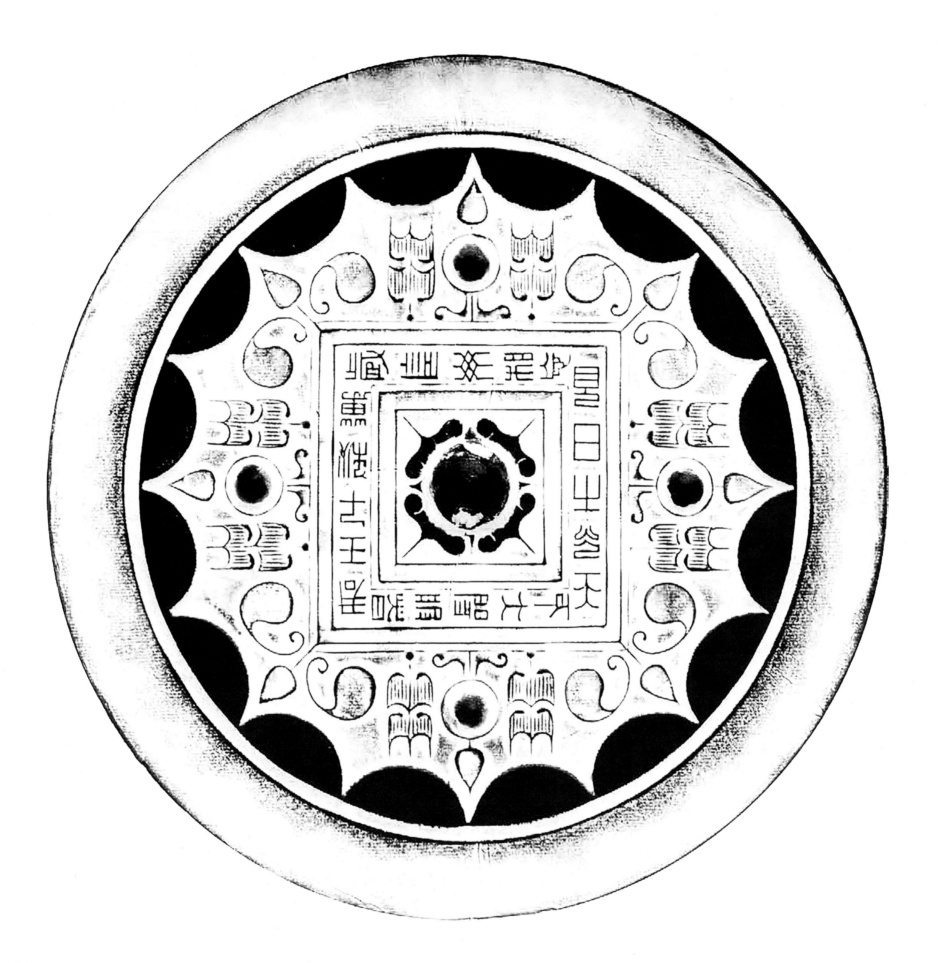

图 118

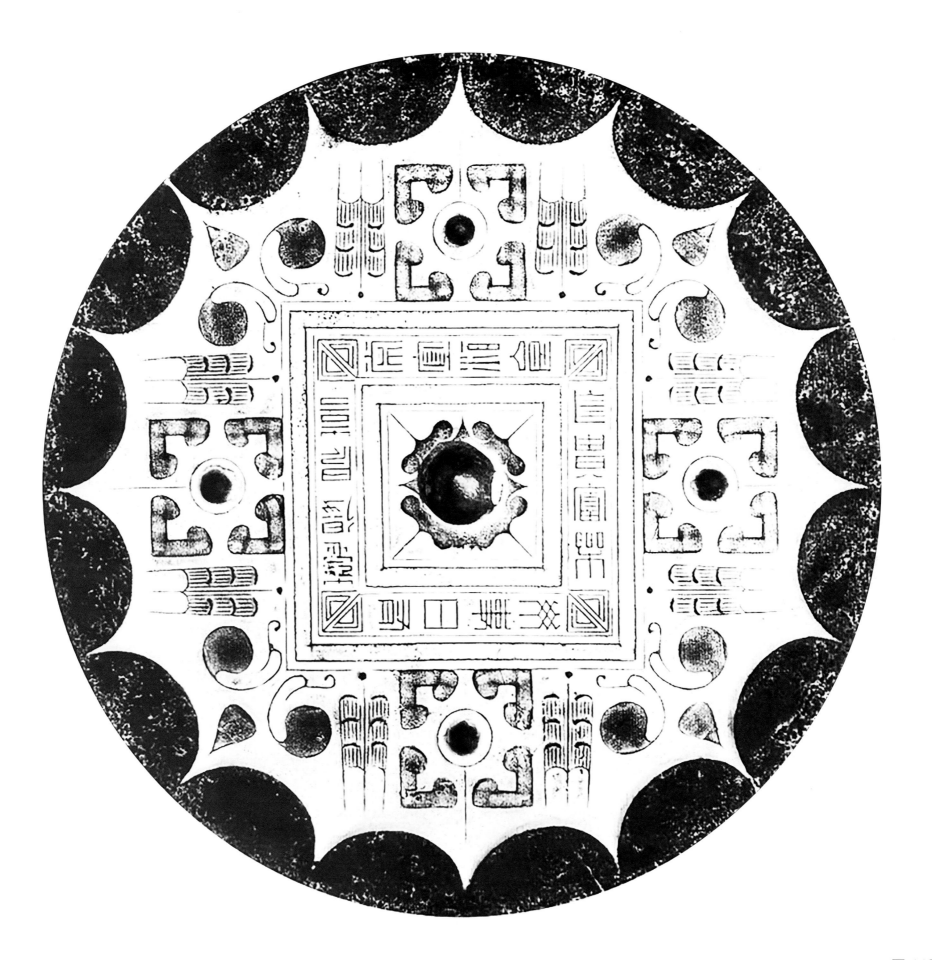

图 119

图 120

图 121

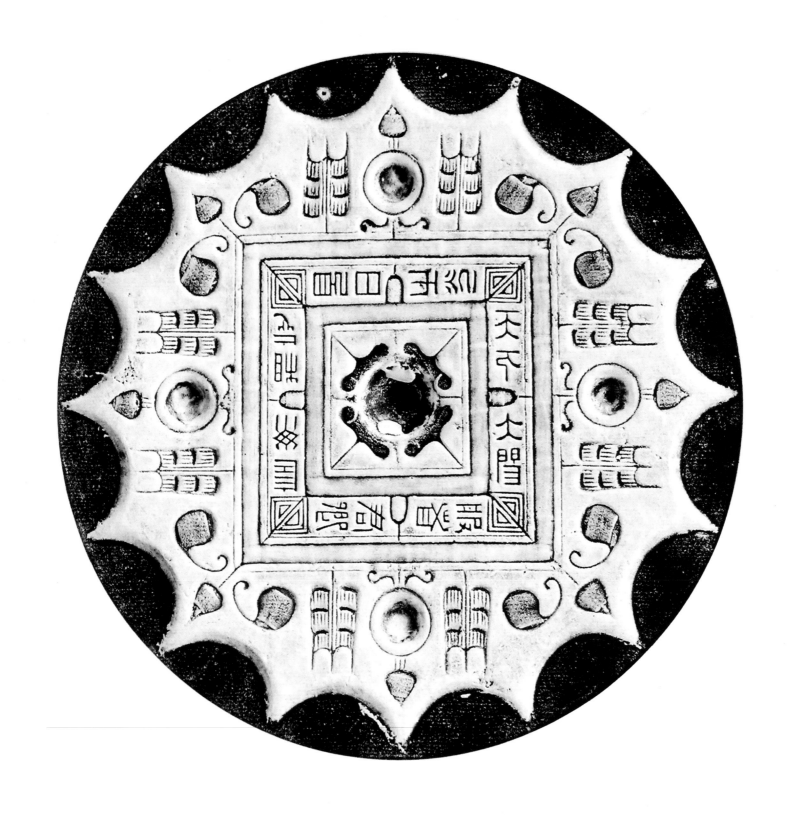

图 122

图 123

图 124

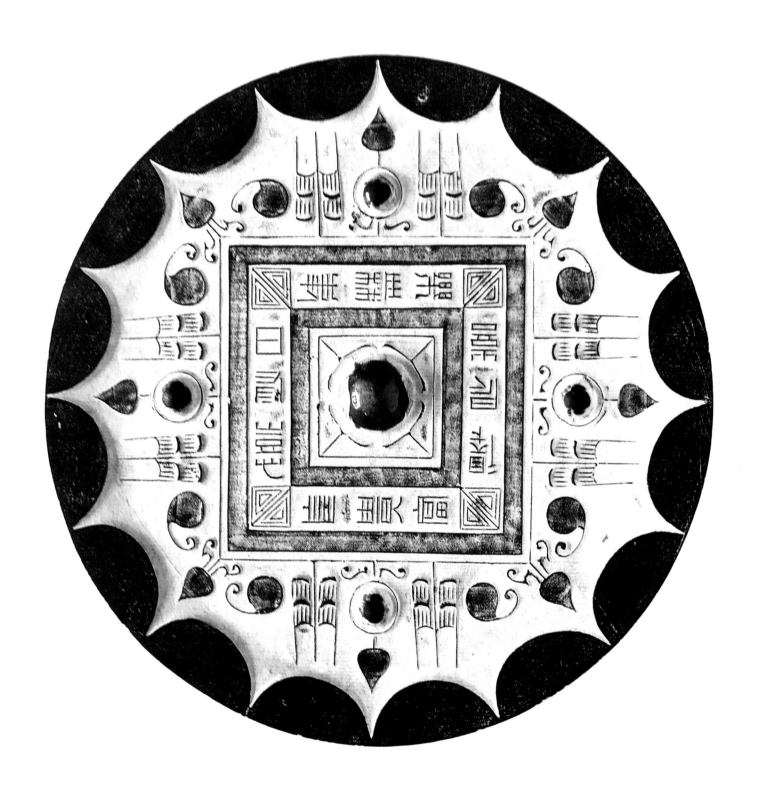

图 125

图 126

图 127

图 128

图 129

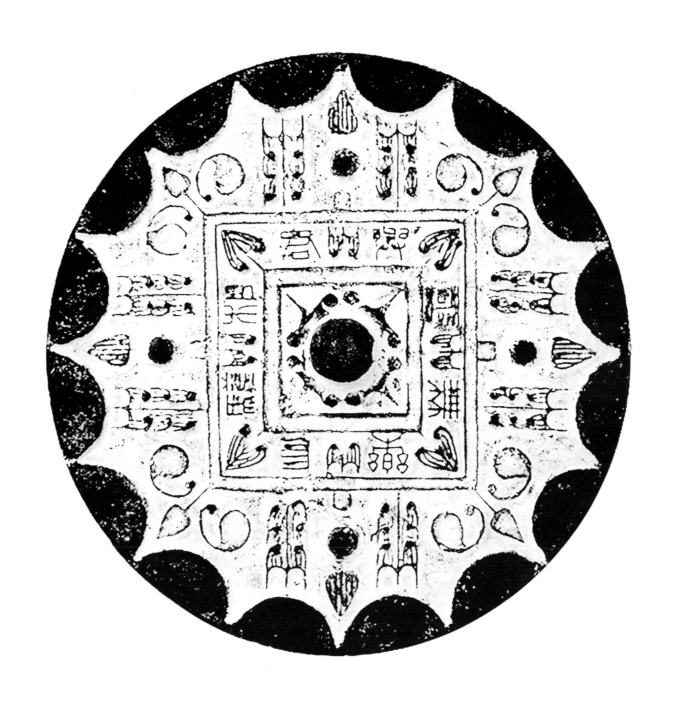

图 130

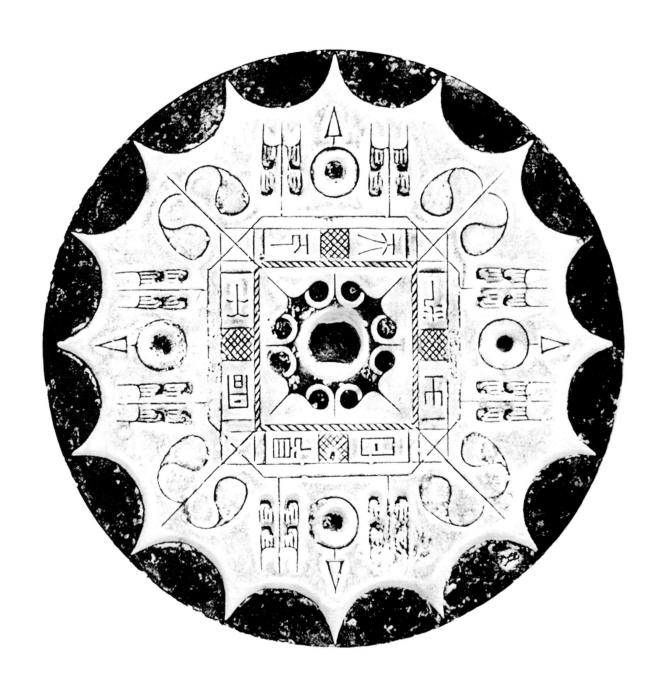

图 131

图 132

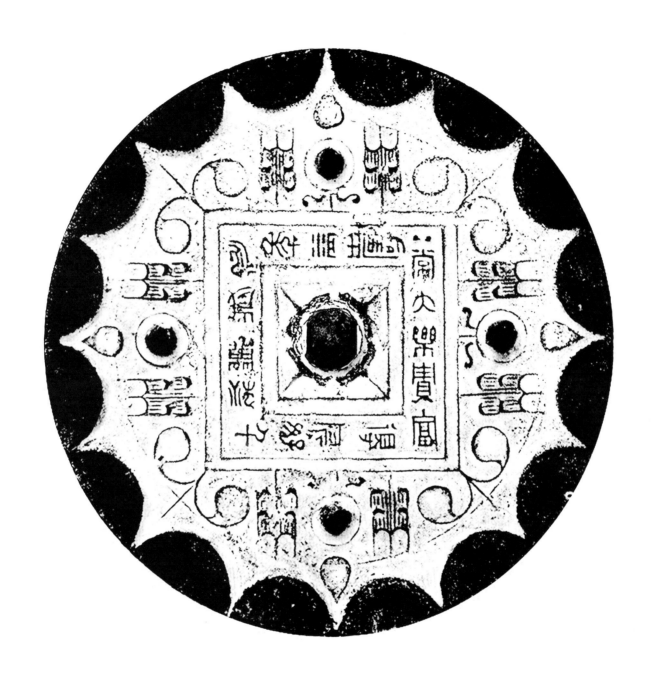

图 133

图 134

图 135

图 136

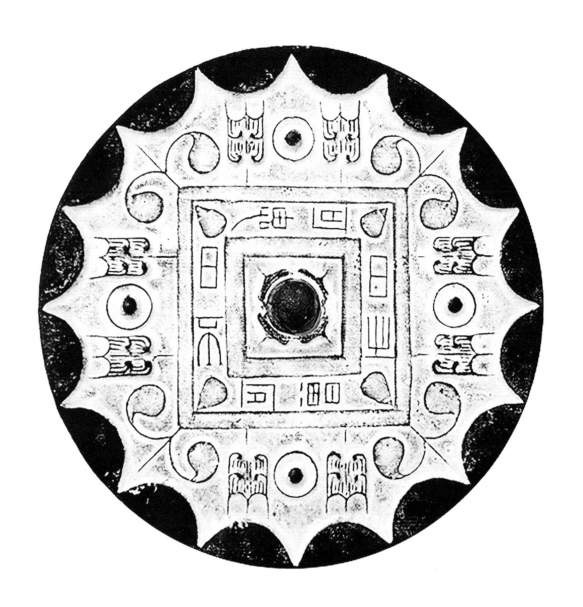

图 137

图 138

图 139

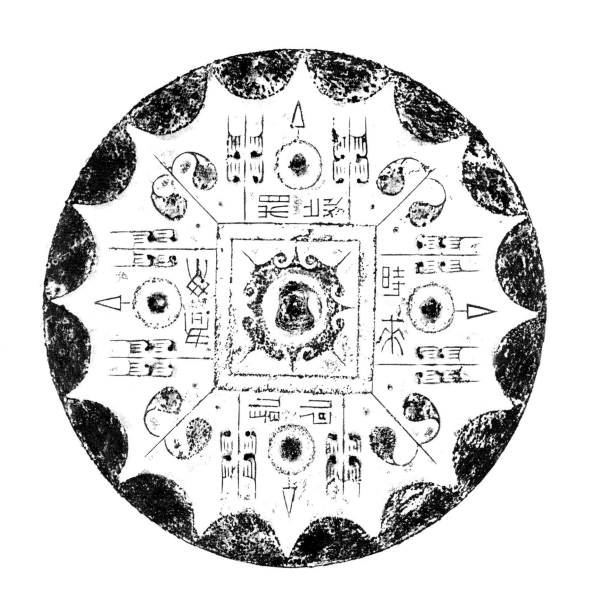

图 140

图 141

图 142

图 143

图 144

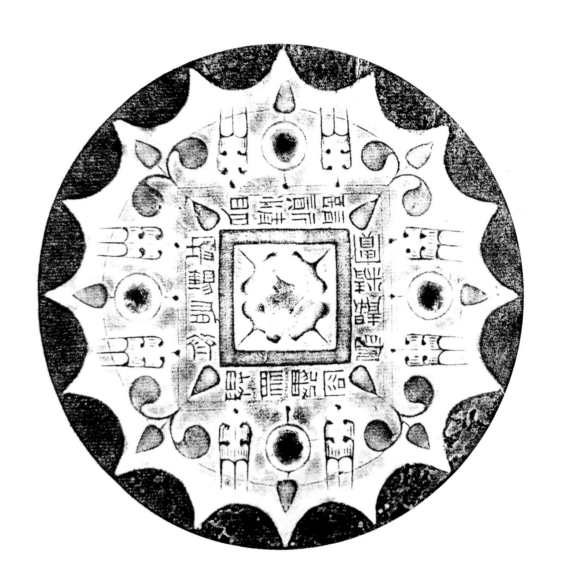

图 145

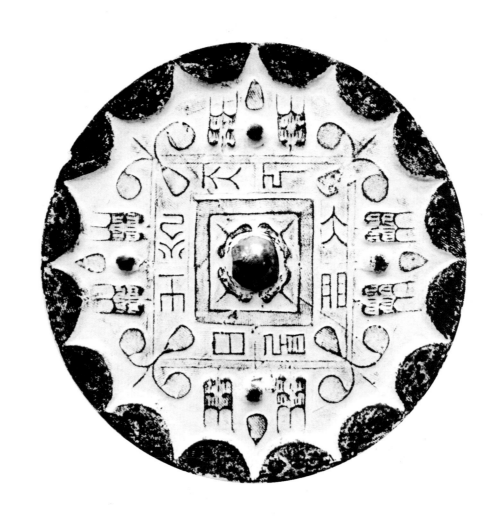

图 146

图 147

图 148

图 149

图 150

图 151

图 152

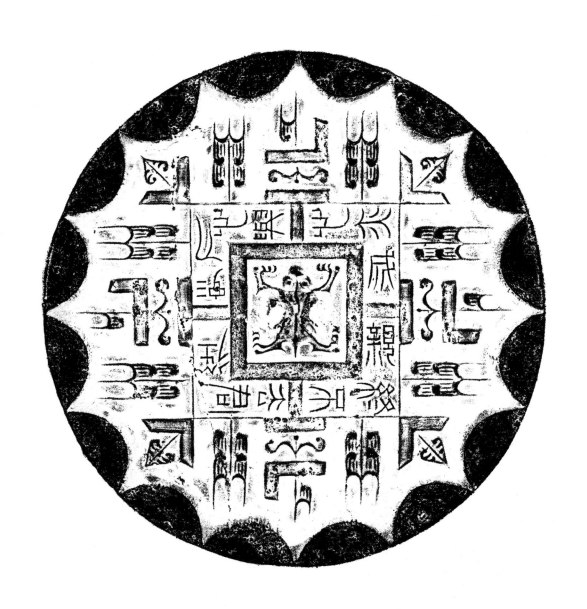

图 153

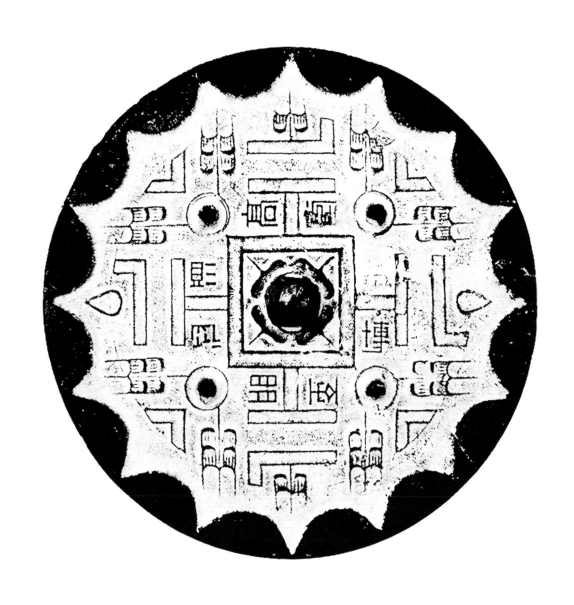

图 154

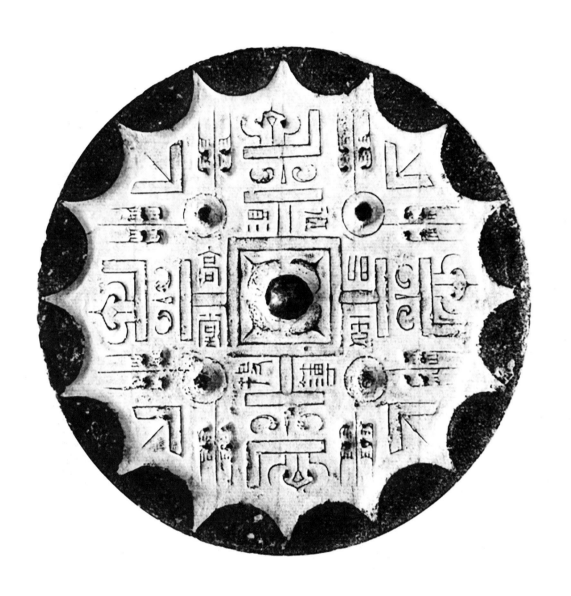

图 155

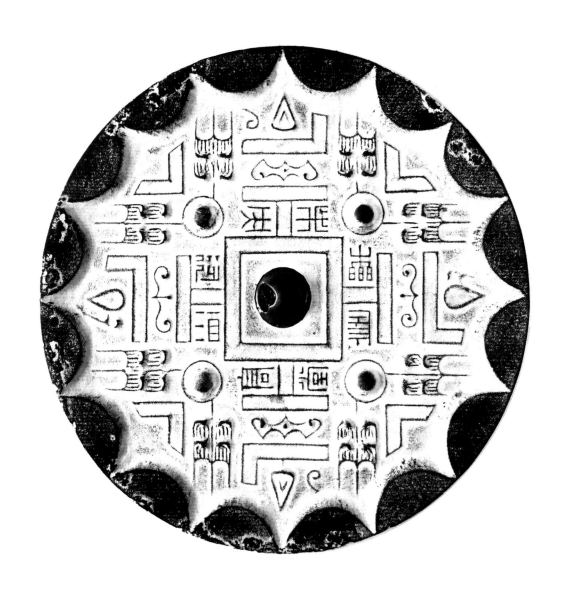

图 156

图 157

图 158

图 159

图 160

图 161

图 162

图 163

图 164

图 165

图 166

图 167

图 168

图 169

图 170

图 171

图 172

图 173

图 174

图 175

图 176

图 177

图 178

图 179

图 180

图 181

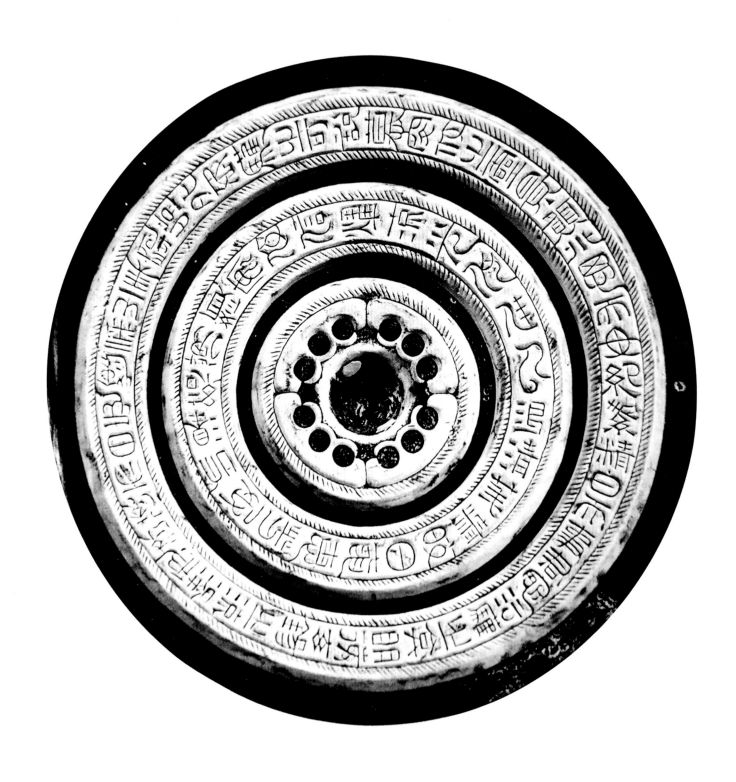

图 182

图 183

图 184

图 185

图 186

图 187

图 188

图 189

图 190

图 191

图 192

图 193

图 194

图 195

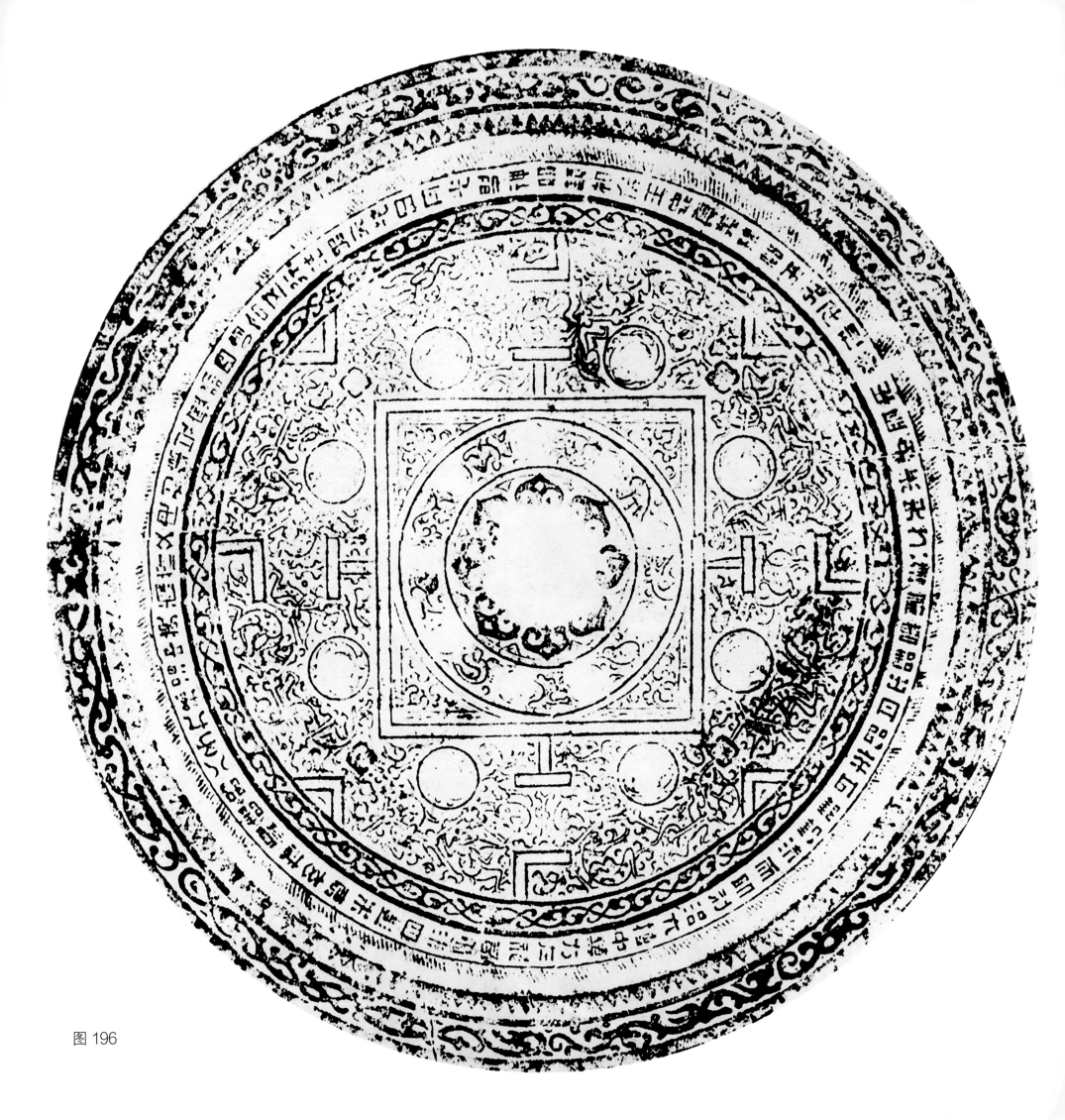

图 196

图 197

图 198

图 199

图 200

图 201

图 202

图 203

图 204

图 205

图206

图 207

图 208

图 209

图 210

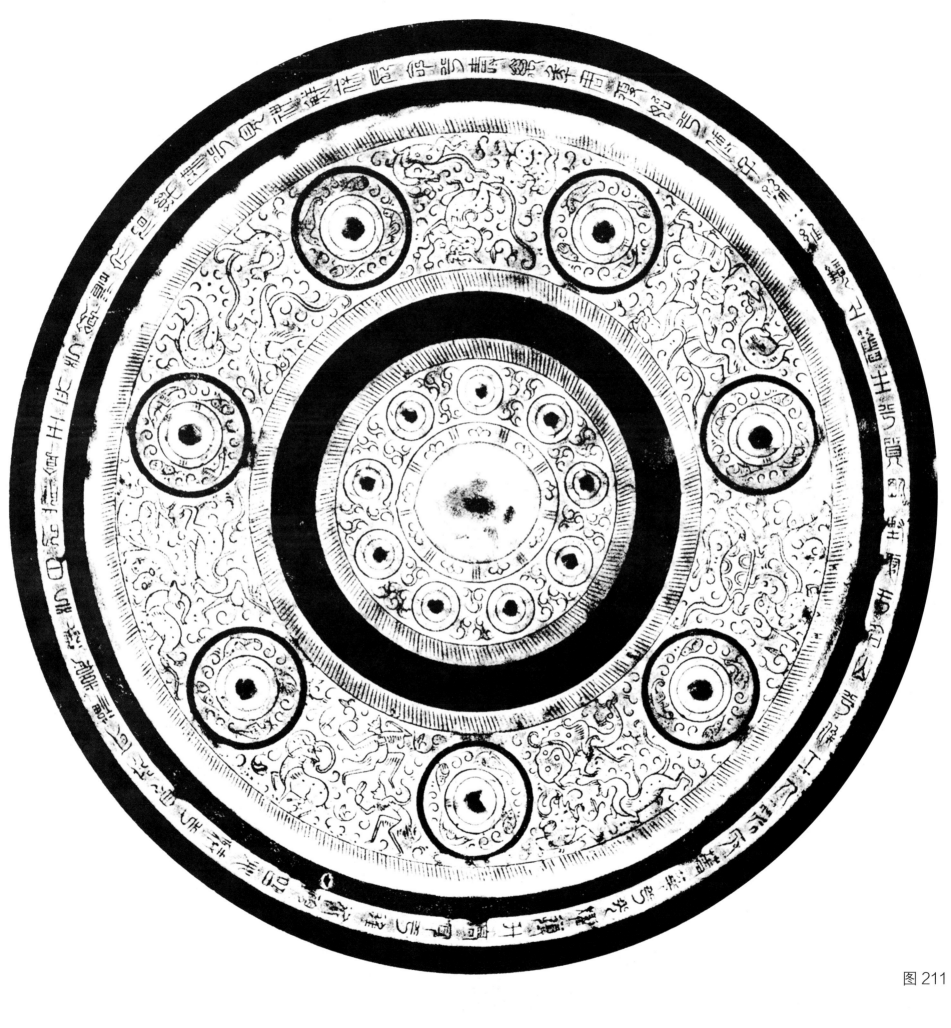

图 211

图 212

图 213

图 214

图 215

图 216

图 217

图 218

图 219

图 220

图 221

图 222

图 223

图 224

图 225

图 226

图 227

图 228

图 229

图 230

图 231

图 232

图 233

图 234

图 235

图 236

图 237

图 238

图 239

图 240

图 241

图 242

图 243

图 244

图 245

图 246

图 247

图 248

图 249

图 250

图 251

图 252

图 253

图 254

图 255

图 256

图 257

图 258

图 259

图 260

图 261

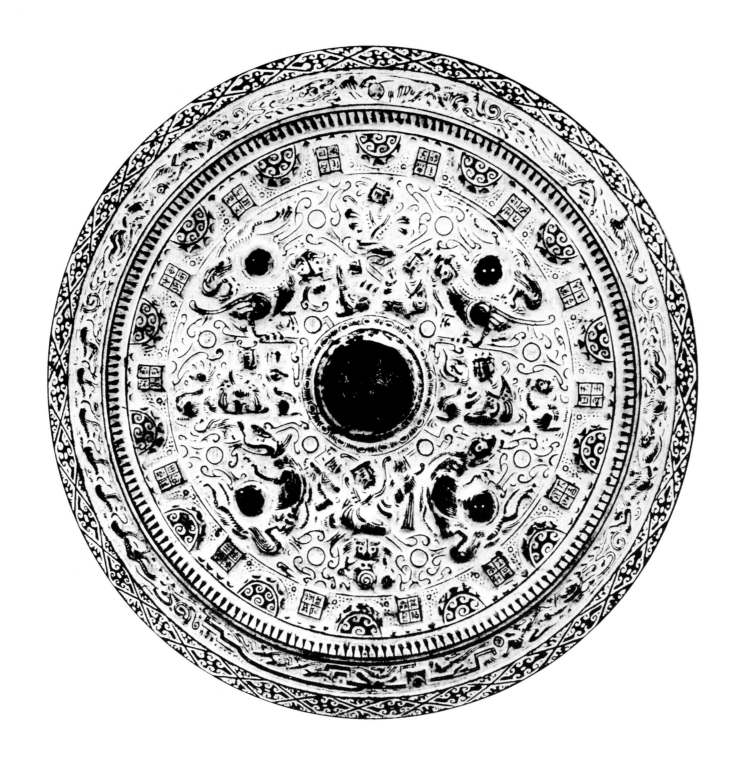

图 262

图 263

图 264

图 265

图 266

图 267

图 268

图 269

图 270

图 271

图 272

图 273

图 274

图 275

图 276

图 277

图 278

图 279

图 280

图 281

图 282

图 283

图 284

图 285

图 286

图 287

图 288

图 289

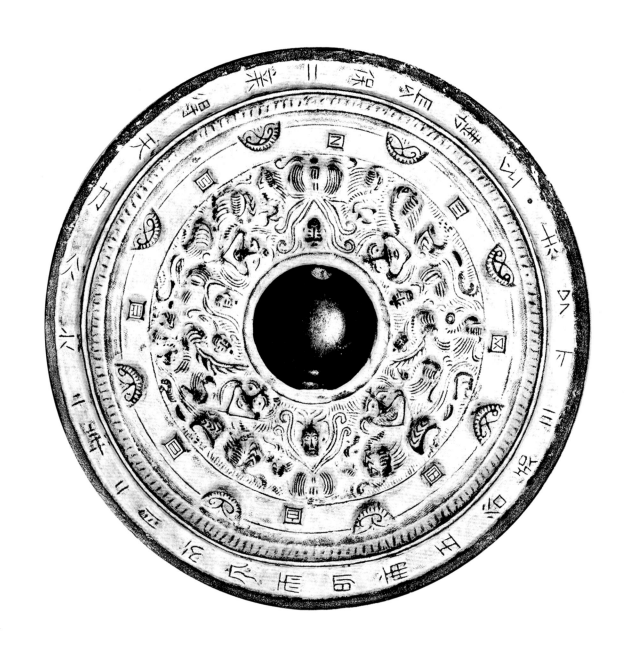

图 290

图 291

图 292

图 293

图 294

图 295

图 296

图 297

图 298

图 299

图 300

附：镜铭释读

图 126　与天无亟，身无窓则，归日服者，乐寿志得。

图 127　上高堂，临东相，芊瑟会，酒食芳。

图 128　太上富贵，长乐未央。

图 129　道路辽远，中有关梁，鉴不隐请，修毋相忘。

图 130　与君相欢，长乐无亟。

图 131　见日之光，天下大昌。

图 132　愿长相思，久毋见忘。

图 133　常大乐贵富得所好，千秋万岁，延年益寿。

图 134　愿长相思，幸毋见忘。

图 135　久游何伤，长毋相忘。

图 136　此镜甚明，服者君卿，万岁未央。

图 137　日不可曾，而日可思。

图 138　投博至明，置酒高堂。

图 139　日有事，宜酒食，常贵富，美人侍。

图 140　时来何伤，君毋相忘。

图 141　久不相见，长毋相忘。

图 142　君王美人，心思可忘。

图 143　忘徘徊，太息倚，吾左房，长毋忘。

图 144　君毋相忘，所言必当，长乐未央。

图 145　坂锡有齐，与众异容，为静精实，谓质清明。

图 146　见日之光，天下大明。

图 147　见日之光，天下久长。

图 148　从酒东相，长乐未央。

图 149　君行卒，予志悲，久不见，侍前俙。

图 150　投博至明，直酒高堂。

图 151　秋风起，使心悲，道路远，侍前希。

图 152　心思美人，毋忘大王。

图 153　心与心，亦成亲，终不去，君从他人。

图 154　从酒高堂，□博至明。

图 155　从酒高堂，投博至明。

图 156　从酒高堂，长乐未央。

图 157　见日之光，时来何伤。

图 158　涑治铜华青而明，以之为镜宜文章，延年益寿而去不羊，与天无亟而日月之光，年秋万岁，长乐未央。

图 159　角王巨虚辟非羊，赤鸟玄武治阴阳，仓龙玄武神而明，国实受福家富昌，与天毋亟乐未央，如日月光。

图 160　清练铜华，杂锡银黄，以成明镜，令名文章，延年益寿，长乐未央，寿敝金石，与天为常，善哉毋伤。

图 161　君忘忘而失志，爱使心忧者，忧不可尽行，心沄结而独愁，明知非不可处，志所欢不能已。

图 162　秋风起，时念君，立葷徊，常客居。思不可为游中国，侍来归。清浪铜华以为镜乎，

昭察衣服观容貌，丝组杂。

图 163　如皎光而晦美分，挟佳都而承闲。怀欢察而惟予分，爱存神而不迁。得并执而不衰分，精昭喇而侍君。

图 164　内：见日之光，长毋相忘。

外：姚皎光而耀美分，挟佳都而承闲乎，怀欢察而恚予分，爱存神而不迁分，得并执而不衰乎，精昭折分而侍君。

图 165　□□君，上玉堂，张六博，正行伤，□□□，乐大王，服者贵，日有□，万岁寿，宜子孙。

图 166　君有远行妾私喜，饶自次，具某止。君征行来，何以为信？祝父母耳。何木毋疵？何人毋友？相思有常可长。

图 167　涑治铜华清而明，以之为镜宜文章，长年益寿去不羊，与天长久而日月之光，千万旦而未央。

图 168　清浪铜华以为镜，昭察衣服观容貌，丝组杂遝以为信，清光乎宜佳人。

图 169　日有意，月有富。乐毋有事宜酒食，居而必安毋忧患。竽瑟侍分心志欢，乐已哉分固常然。

图 170　君忘忘而失志分，爱使心忧者，忧不可尽行，心污结而独愁，明知非不可久处已。

图 171　练治铜华清而明，以之为镜宜文章，与天毋亟心不忘，义思平回仁集常，天理增秩寿日光，福嗣未央。

图 172　日有喜，月有富。乐毋事，常得。美人会，竽瑟侍。贾市程，万物正。老复丁，死复生。醉不知，醒旦醒。

图 173　涑治铜华尽具清，以之为镜昭身刑，五色尽具正赤青，毕长生。

图 174　君有行，妾有忧，行有日，反毋期，愿君强饭多勉之，仰天太息长相思。

图 175　行有日分反毋时，结中带分长相思，而不疑，君负妾分天知之，妾负君。

图 176　内清质以昭明，光辉象夫日月，心忽穆而愿忠，然壅塞而不泄。

图 177　乐未央，利二亲，宜弟兄，寿万年，长相葆，宜子孙，乐已哉，固常然。

图 178　君行有日反毋时，端政心行如妾在，时心不端行不政，妾亦为之，君能何治？

图 179　清铜为镜见其神，日月所分，宜于酒食，容呼云赐根。

图 180　秋风起，吾志悲，道路远，侍前希。

图 181　浪清华分精皎日，奄惠防分宣加泽，结微颜分似佳人。

图 182　内：浪清华，精皎白。奄惠芳，承加泽。结微颜，安佼信。耀流光，似佳人。

外：洁精白而事君，怨污欢之弇明。微玄锡之流泽，恐疏远而日忘。怀糜之美穷体，外承欢之可说。慕窔佻于灵景，愿永思而毋绝。

图 183　内：君行有日反毋时。思简倜可沮，人憨心成不思。

外：君有远行妾私喜，饶自次，具某止，君征行来，何以为信？祝父母耳。何木毋疵？何人毋友？相思有常可长久。

图 184　内：内清质以昭明，光辉象夫日月。心忽穆而愿忠，然雍塞而不泄。

外：洁精白而事君，怨污欢之弇明。微玄锡之流泽，恐疏远而日忘。怀糜美之穷体，外承欢之可说。慕窔佻之灵景，愿永思而毋绝。

图 185　内：见日之光，长毋相忘。

外：内清质以昭明，光辉象乎夫日月，心忽扬而愿忠，然塞而不泄。

图 186　内：见日之光，长毋相忘。

外：如皎光而耀美，挟佳都而承闲，怀欢察而性宁，志存神而不迁，得并观而不衰，精昭折。

图187　恐浮云兮敝白日，复请美兮弇素质，行精白兮光运明，谤言众兮有何伤？

图188　钮：大呈巨万。

外：内而光，明而清，涑石华，下之菁。见弓己，知人菁，心意得，乐长生。

图189　千秋万岁。

图190　涑治铜华清而明，以之为镜宜文章，延年益寿去不羊，与天无亟，如日之光，长乐未央。

图191　内而光，明而清，涑石华，下之菁，见弓己，知人请，心志得，乐长生。

图192　汉有善铜出丹阳，卒以银锡青而明，刻治六博显文章，左龙右虎去不羊，千秋万世，长乐未央。

图193　内而光，明而清，涑石华，下之菁，见躬己，知人请，心意得，乐长生。

图194　日有意，月有富。乐毋事，宜酒食。居必安，毋忧患。芋瑟侍，心志欢。乐已哉，常然。

图195　见日之光，天下大明，而昭侯王，长乐未央。

图196　汉有善铜出丹阳，卒以银锡清而明，刻娄六博中兼方，左龙右虎游四彭，朱爵玄武顺阴阳，八子九孙治中央，常葆父母兄，应随四时合五行，浩如天地日月光，照神明镜相矣王，众真美好如玉英，千秋万世，长乐未央兮。

图197　令名之纪七言止，涑治铜华去恶宰，铸成错刀天下喜，安汉保真世毋有，长乐日进宜孙子。

图198　刘氏去，王氏持，天下安宁乐可喜，井田平贫广其志。

图199　尚方御竟大毋伤，巧工刻之成文章，左龙右虎辟不羊，朱鸟玄武调阴阳，子孙备具居中央，长保二亲乐富昌，徘回名山高放详，寿敝金石如侯。

图200　尚方作竟真大巧，上有仙人不知老，渴饮玉泉饥食枣，非回名山采草，浮由天下放四海，寿如今石得天道，子孙长相保兮。

图201　尚方御竟大毋伤，左龙右虎辟不羊，朱鸟玄武调阴阳，子孙备具居中央，上有仙人高放详，寿敝金石如侯王兮。

图202　尚方作竟真大好，上有仙人不知老，渴饮玉泉饥食枣，浮游天下放四海，徘徊名山采芝草，寿如今石为国保。大富昌，子孙备，具中央。

图203　尚方作竟真大好，上有仙人不知老，渴饮玉泉饥食枣，浮游天下放四海，徘徊名山采芝草，寿敝金石为国保兮。

图204　尚方御竟大毋伤，巧工刻之文章，朱鸟玄武顺阴阳，子孙备具居中央，长保二亲乐富昌。

图205　王氏昭竟四夷服，多贺新家人民息，胡虏殄灭天下复，风雨时节五谷孰，百姓宽喜得佳德，长保二亲受大福，传告后世子孙力，千秋万年乐毋亟。

图206　王氏作竟真大好，上有仙人不知老，渴饮玉泉饥食枣，浮游天下放四海，徘洄名山采芝草，寿如王母家万倍，中国安宁兵不扰，乐未央兮为国保。

图207　王氏昭竟四夷服，多贺新家人民息，胡虏殄灭天下复，风雨时节五谷孰，长保二亲子孙力，传告后世乐毋亟，日月光大富贵昌兮。

图208　王氏作竟真大好，上有仙人不知老，渴饮玉泉饥食枣，浮游天下放四海，徘洄名

图209　王氏昭竟四夷服，多贺新人人息，胡虏殄灭天下复，风雨时节五谷孰，传告后世乐毋亟兮。

图210　长宜子孙。

图211　维镜之旧兮质刚坚，处于名山兮侯工人，涑取精华兮光耀增，升高官兮进近亲，昭兆朕兮见躬身。福喜进兮以前，食玉英兮饮澧泉，倡乐陈兮见神仙，葆长命兮寿万年，周复始兮传子孙。

图212　雒家作竟，好洁少双，更造众倚，悉图万疆，元气之像，正在中央，贤圣神仙，燕处云明，天禽来降，威伏四方。边则太一，还缓而行，乘云悦乎？参驾神龙，选从群仁，上古三皇。撙乎除道，蚩尤辟邪，百精并存，何耶敢当？能常服之，为者命长，富贵安乐，喜诉未央，永得所欢，土宝公卿，子孙蕃昌。

图213　汉有善铜出丹阳，和以银锡青且明，左龙右虎主四彭，八子九孙治中央，朱爵玄武。

图214　尚方作竟佳哉□，巧工刻陋成雕文，请备说之告诸君：上大山，见神人，骖驾交龙乘浮云，□□□引大风□。去大山，奏昆仑，过玉阙，入金门，上玉堂，何□□，佳裁□，传子孙。

图215　驹氏作竟四夷服，多贺国家人民息，胡虏殄灭天下复，风雨时节五谷熟，长保二亲得天力兮。

图216　得天道，物自然，食玉英，饮澧泉，驾非龙，乘浮云，白虎引，上大山，凤皇集，见神鲜，赐长命，寿万年，宜官秩，保子孙。

图217　凤皇翼翼在镜则，到贺君家受大福，官位尊显蒙禄飤，幸逢时年获嘉德，长保二亲得天力，传之后世乐毋已。

图218　上大山，见仙人。食玉英，饮澧泉。驾交龙，乘浮云。白虎引，直上天。受长命，寿万年。宜官秩，葆子孙。

图219　汉有佳铜出丹阳，苏刚作镜真毋伤，涑治银锡清且明，昭于宫室日月光，左龙右虎主四方，八子十二孙治中央。

图220　汉有佳铜出丹阳，苏刚作镜真毋伤，涑治银锡清且明，昭于宫室日月光，左龙右虎主四方，八子十二孙治中央。

图221　新有善铜出南乡，巧工调涑清黄色，尚方用竟四夷服，多贺王氏天下复，官位尊显蒙禄食，幸逢时年五谷孰，长保二亲子孙力，传之后世乐毋亟。

图222　大哉尧为君也，美哉大官食也。富哉□□□□，……□子孙。得天道，物自然。富贵昌，乐未央。

图223　上华山，凤皇候，见神鲜，保长命，寿万年，周复始，传子孙，福禄祚，日以前，食玉英，饮澧泉，驾青龙，乘浮云，白虎弓。

图224　汉有名同出丹阳，以之为竟宜文章，左龙右虎主四旁，朱爵玄武顺阴，八子九孙治中央。

图225　角王钜虚辟不详，七子九孙治中央，仓龙白虎神而明，朱爵玄武顺阴阳。

图226　作佳镜哉真大兰，上有禽守相因连，涑治铜锡自生文，昭君面白黑分，大夫欲市入臣门，不争价值贵其恩。

图227　秦中作镜居咸阳，当法天地日月光，上有仙人予凤皇，含珠持璧食玉英，崔文王侨骑鹿行，昭此镜者家富昌。

图228　内而光，明而清。涑石华，下之菁。见弓己，知人请。心志得，必长生。

图229　作佳镜哉真大好，上有仙人不知老，渴饮礼泉饥食枣，浮游天下放四海，佰人王乔自有道，寿如金石为国葆。

图230　尚方御竟知人情，道同巧异各有刑，维古今世天下平，四夷降服中国宁，人民安乐五谷成。

图231　新兴辟雍建明堂，然于举土列侯王，将军令尹民户行，诸生万舍在北方，郊祀星宿并共皇，子孙复具治中央。

图232　新有善铜出丹阳，和以银锡清且明，左龙右虎掌四彭，朱爵玄武顺阴阳，八子九孙治中央，刻娄博局去不羊，家常大富宜君王，千秋万岁乐未央。

图233　日有意，月有富，乐毋事，宜酒食，居而必安勿忧患，于瑟侍，心中欢，乐己。

图234　新有善铜出丹阳，和已银锡青且明，左龙右虎主四彭，八子九孙治。

图235　袁氏作镜真大巧，上有东王公西王母，青龙在左辟邪虎右，仙人子乔赤诵子，千秋万年不知老，位至三公贾万倍，辟去不祥利孙子。

图236　朱氏明竟快人意，上有龙虎四时宜，长保二亲宜酒食，君宜高官家大富，乐未央，贵富昌，宜牛羊。

图237　新兴辟雍建明堂，虏胡殄灭见青黄。然于举土列侯王，将军令尹民户行。诸生万舍在北方，郊祀星宿并共皇。子孙。

图238　大泉五十（钱铭）

图239　上大山，见神鲜，食玉英，饮澧泉，宜官秩，葆子孙，得天道，物自然，贵富昌，乐未央，载。

图240　昭匋胁，身万全。象衣服，好可观。宜佳人，心意骝。长虞志，固常然。食玉英，饮醴泉。驾蜚龙，乘浮云。周复始，传子孙。

图241　日有意，乐毋事，宜酒食，居必安，毋忧患，竽瑟侍，心志欢，乐以哉，固常然，月内。

图242　汉有善铜出丹阳，和以银锡清且明，左龙右虎主四彭，朱爵玄武顺阴阳，八子九孙治中央，居无著欲起雒阳。

图243　日有意，长寿富，乐无已，宜孙子。

图244　上大山兮见仙人，食玉英兮饮澧泉，驾交龙兮乘浮云，宜官秩，保子孙。

图245　漆言之纪孝为右，古有便父又利母，鲜人王侨赤诵子，乘云日露越江海，徘徊名山。

图246　贤者戒己仁为右，息念毋以象君子，二亲有疾身常在，时时。

图247　汉有善铜出丹阳，和以银锡清且明。左龙右虎主四彭，朱爵玄武顺阴阳，八子九孙治中央。居毋自欲起义阳，家常大富宜侯王。

图248　作佳镜，清且明，葆子孙，乐未央，车当传驾骑趣庄，出乘四马自有行，男□□侯女嫁王，刻镂博局去不祥，服此镜，为上卿。

图249　内：昭圆目，身万，宜官，衣服，好可观，君宜官秩葆子孙。

　　　　外：新有善铜出丹阳，和以锡，清且明。左龙右虎主四方，朱雀玄武循阴阳。子孙具，治中央。

图250　贤者戒己仁为右，息念毋以象君子，二亲有疾身常在，时时之若景女右。

图251　遗杜氏作镜兮四夷服，官位尊显蒙禄食，幸逢时年兮五谷熟，多贺名工刻画兮，边则太一，参驾神龙，辟邪配天禄，奇守并来出兮，三鸟□□，寿金石兮，汉羽习兮。

图252　新兴辟雍建明堂，单于举土列侯王，将军大尹民户行，八子九孙治中央，常服此镜寿命长。

图253　上大山，见神人，食玉英，饮礼泉，参驾蜚龙乘浮云，长万年，宜。

图254　内而光，明而清，涷石华，下之清，见己见，知人菁，心志得，乐长生。

图255　漆言上纪从竟始，涷治铜锡去恶宰，长葆二亲利孙子。

图256　上大山，见神人，食玉英，饮泉驾交龙，东。

图257　上于太山见神人，长以官秩葆子孙。君食玉英饮礼泉，参驾蜚龙乘浮云。

图258　驺氏作竟四夷服，多贺国家人民息，胡虏殄灭天下复，风雨时节五谷孰，长保二亲得天力，传告后世乐无亟。

图259　周仲作竟四夷服，多贺国家人民息，胡虏殄灭天下复，风雨时节五谷孰，长保二亲得天力，传告后世乐无亟。盛如长安南，贤如鲁孔子。

图260　□氏作，自有纪，青龙白虎居左右，神鱼仙人赤松子，八爵相向法古始，令以长命宜孙子，作吏高迁车生二耳，寿而东王父西王毋。

图261　吾作明竟，幽涷三冈，巧工刻之成文章，上有四守辟不祥，服者万年，子孙益昌，夫妇相宜，其师命长，女当为主，男当为王，位至公侯，乐未央，富年益寿。

图262　吾作明竟，幽涷三商，配象万疆，统德序道，敬奉贤良，雕刻无亟，白牙作乐，众华主阳，世德光明，富贵安乐，天王日月，大吉宜□，士至高升，其师命长。

图263　作明竟，幽涷三冈，巧工刻之成文章，上有守，辟不，富禄氏从，大富昌，宜牛羊，为吏高升至侯王，乐未央，夫妻相宜师命长。

图264　九子明竟，幽涷三冈，巧工刻之□文，上有□□吉昌。

图265　吾作明竟，幽涷金冈，巧工造作成文章，多贺国家人民蕃息，胡虏殄灭天下复，风雨时节五谷孰，传后世乐毋亟。

图266　吾作目竟，幽涷三冈，巧工刻之成文章，上有四守辟至羊，蕫详，禄福氏从大富昌，宜侯王，白米天，多牛羊。

图267　□□□□□□，青龙白虎居左右，神鱼仙人赤松子，八爵相向法古始，今以长命宜孙子，作吏高迁车生二耳，□。

图268　内：君长高官。

　　　　外：上方作竟自有方，明如日月世有，上有东王父西王母，五男四女九子母，男王侯，女王妇，宜。

　　　　吾作明竟，幽涷三商，周罗容象，五帝天皇，白牙弹琴，黄帝除凶，朱乌玄武，白虎青龙，君宜高官，位仕至矦王，子孙番，大吉。

图270　佛

图272　公卿宜王

图273　永始二年五月丙午漏上五工丰造。景公之象兮吴娃之悦，作精明镜兮如日月，长相思兮世不绝。见朱颜，心中欢。常宜子孙。

图274　居摄元年自有真，家当大富，常有陈。昭之治吏为贵人，夫妻相喜，日益亲善。

图275　唯始建国二年新家尊，诏书数下大多恩。贾人事市，不躬啬田。更作辟雍治校官，五谷成孰天下安。有知之士得蒙恩，宜官秩，葆子孙。

图276　始建国天凤二年作好镜，常乐富贵敬君上，长保二亲及妻子，为吏高迁位公卿，世世封传于无穷。

图277　永平七年正月作，公孙家作竟。钮铭：竟直三百。

图278　尚方作竟真大巧，上有仙人不知老，渴饮玉泉饥食枣，浮由天下兮。永平十六年。

图 279　　延熹二年五月丙午日天大赦，广汉西蜀，造作明竟，幽涷三商，天王日月，位至三公兮，长乐未英，吉且羊。

图 280　　延熹二年五月丙午日天大赦，广汉西蜀，造作明竟，幽涷三商，天王日月，位至三公兮，长乐未英，吉且羊。

图 281　　延熹三年十二月廿九日，广汉西蜀造作，尚方明竟，幽涷三冈，巧工刻之成文章，上有四守辟不羊，作吏升高，福录自从，相宜。

图 282　　建宁元年九月九日丙午造作，尚方明竟，幽涷三商，上有东王父西王母，生如山石，长宜子孙，八千万里，富且昌，乐未央，宜侯王，师命长，买者大吉羊，宜古市，君宜高官，位至三公，长乐央兮。

图 283　　内：君宜官位。
　　　　　外：熹平元年正月丙午日，幽涷白铜，早作尚方明竟，买者大富且昌，延寿万年，上如东王父西王母，长生大乐未央兮。

图 284　　熹平三年正月丙午，吾造作尚方明竟，广汉西蜀，合涷白黄，舟刻无亜，世得光明。买人大富长子孙，延年益受，长乐未央兮。

图 285　　内：君宜官位。
　　　　　外：熹平五年五月丙午日，幽速白同，早明。尚方作竟竟，买者大富且昌，长宜子孙，大乐未央。上如东王父西王母，生如金石，宜古市，如师命。

图 286　　吾作明竟，幽涷宫三商，周克容象，五帝天皇，白牙单□琴，黄帝除凶，朱鸟玄武，白虎青龙，建安七年造作，君宜高官。

图 287　　建安八年作，吾作明竟，幽涷宫商，周罗容象，五帝天皇，白牙单琴，黄竟除凶，朱鸟玄武，白虎青龙，君宜高官，位至三公，子孙番昌。

图 288　　建安十年示氏造，大吉羊。吾作明竟，幽涷三商，周刻容象，五帝三皇，白牙弹琴，黄帝除凶，君宜高官，位至三公，子孙番昌。

图 289　　建安廿二年十月辛卯朔四日甲午太岁，□□□□□□□，□作明镜，幽涷三章，□□□□，服者大□，□□宜官，□为侯王，□□□，□富□，君□□□，□□子也。

图 290　　太元二年二月□，风雨时节五谷孰，三上公□□多寿，长保二亲得天力。

图 291　　吾作明竟，服者大吉，三公九卿，父□侯王，□夫三□，五凤二年癸酉，□□□□，全□长保。

图 292　　太平元年，天下大阳，有道哉□，造作明竟，□□□□，服者。

图 293　　甘露五年四月十六日，左尚方师作竟青且明，君宜高官，位至三公，利子宜孙，延年益寿。

图 294　　光永安六年五月廿五日，费氏作竟，五练青同竟，明竟者，位至三公，九卿十二大夫，长生者，寿宜子孙，家有五马千头羊，子孙昌，吉家日。

图 295　　甘露元年四月廿五日，造作明竟，百涷青铜，服者老寿宜公卿，乐未英。

图 296　　宝鼎二年四月五日，造作明竟，百涷清铜，服者老寿。

图 297　　泰始九年二月丙午日壬戌朔，吾□之竟明且好，彫克之有所巧，买之长生不。

图 298　　天纪三年王氏作，延年益寿，宜子宜孙。

图 299　　太康三年岁壬寅二月廿日，吾作竟，幽涷三商四夷服，多贺国人民息，胡房殄灭天下复，雨风时节五谷孰兮。

图 300　　景公之象兮吴娃之兑，作眯明镜兮象似日月，长思兮世不绝。见朱颜兮先王母，永益寿兮宜孙子，保皇天。